中文版《克尔凯郭尔文集》由哥本哈根大学克尔凯郭尔研究中心和中国社会科学院哲学研究所合作完成。

本卷由奥古斯丁基金会资助。

The Chinese edition of *Kierkegaard Anthology* is a Cooperation between the Institute of Philosophy at the Chinese Academy of Social Sciences and the Søren Kierkegaard Research Center at Copenhagen University.

This volume has been funded by Augustinus Fonden.

克尔凯郭尔文集

4

SØREN KIERKEGAARDS SKRIFTER

Philosophiske Smuler

哲学片断

中国社会科学出版社

图书在版编目(CIP)数据

哲学片断 /（丹）克尔凯郭尔著；王齐译. —北京：中国社会科学出版社，2013.4（2022.2 重印）

（克尔凯郭尔文集；4）

ISBN 978-7-5161-2468-0

Ⅰ.①哲… Ⅱ.①克…②王… Ⅲ.①克尔凯郭尔，S.（1813~1855）—哲学思想 Ⅳ.①B534

中国版本图书馆 CIP 数据核字（2013）第 080812 号

出 版 人	赵剑英
责任编辑	冯春凤
责任校对	徐 楠
责任印制	张雪娇

出　　版	中国社会科学出版社
社　　址	北京鼓楼西大街甲 158 号
邮　　编	100720
网　　址	http：//www.csspw.cn
发 行 部	010-84083685
门 市 部	010-84029450
经　　销	新华书店及其他书店

印　　刷	北京君升印刷有限公司
装　　订	廊坊市广阳区广增装订厂
版　　次	2013 年 4 月第 1 版
印　　次	2022 年 2 月第 3 次印刷

开　　本	710×1000　1/16
印　　张	11.25
插　　页	2
字　　数	200 千字
定　　价	35.00 元

凡购买中国社会科学出版社图书，如有质量问题请与本社营销中心联系调换
电话：010-84083683
版权所有　侵权必究

《克尔凯郭尔文集》编委会

主　　编：汝　信　Niels-Jørgen Cappelørn
编委会成员：叶秀山　李鹏程　卓新平
　　　　　　Anne Wedell-Wedellsborg
秘　　书：王　齐

《克尔凯郭尔文集》中文版序

汝 信

《克尔凯郭尔文集》（10卷本）中文版即将与读者见面了。这部选集是由中国社会科学院哲学研究所和丹麦哥本哈根大学克尔凯郭尔研究中心共同合作编选和组织翻译的，由中国社会科学出版社负责出版。选集收入克尔凯郭尔的主要著作，并直接译自近年来出版的经过精心校勘的丹麦文《克尔凯郭尔全集》，内容准确可靠，尽可能保持原汁原味，这对于中国读者正确理解这位丹麦哲学家的思想将会有所裨益。

在西方哲学史上，克尔凯郭尔可以说是一个特殊的人物。他生前默默无闻，其著作也很少有人问津，但过了半个世纪，人们又"重新发现了"他，特别是在第一次世界大战以后，随着存在主义哲学的兴起和发展，他对西方国家思想界的影响越来越大。雅斯贝尔斯曾经这样说："目前哲学状况是以下面这个事实为特征的，即克尔凯郭尔和尼采这两位哲学家在他们生前受到忽视，以后长时期内一直在哲学史上受人轻视，而现在他们的重要性则越来越不断地增长。黑格尔以后的其他一切哲学家正越来越失势而引退，而今天这两个人则不容争辩地作为他们时代的真正伟大思想家而站了出来。"（《理性与存在》）他甚至说，是克尔凯郭尔和尼采"使我们睁开了眼睛"。雅斯贝尔斯的这些话不仅是他个人的看法，而且是反映了当时人们一般的意见。克尔凯郭尔和尼采确实代表了在黑格尔之后兴起的另一种以突出个人为特征的西方社会思潮，而与强调精神的普遍性的黑格尔主义相对立。如果说，在黑格尔那里，"存在"只不过是绝对精神自身发展过程中的一个抽象的环节，那么从个人的角度去深入地探索和反思"存在"（"生存"）的意义则是从克尔凯郭尔开始的。

克尔凯郭尔哲学是极其个性化的，他个人的生活经历、性格、情感、心理、理想和追求都深深地渗透在他的哲学思想里，因此我们在阅读他的著作时需要用一种与通常不同的诠释方式。黑格尔曾在《哲学史讲演录》导言中说，"哲学史上的事实和活动有这样的特点，即：人格和个人的性格并不十分渗入它的内容和实质。"这种看法可以适用于像康德那样的哲学家，我们几乎可以完全不去了解他的个人生活经历而照样能够读懂他的著作，因为机械般的有秩序的书斋生活似乎没有给他的思想增添什么个性色彩，正如海涅所说，"康德的生活是难于叙述的。因为他既没有生活，又没有历史"（《论德国宗教和哲学的历史》）。但是，对于克尔凯郭尔来说，黑格尔的看法则是完全不适用的。克尔凯郭尔的全部思想都和他的个人生活和体验紧密相连，他的许多著作实际上都在不同程度上带有精神自传的性质，从中我们可以聆听到他在各种生活境况下的内心的独白和生命的呼唤。他自己曾坦率地承认，"我所写的一切，其论题都仅仅是而且完全是我自己"。因此，要理解他的哲学，首先需要弄清楚他究竟是个什么样的人，在他的短暂的生命中究竟发生过一些什么样的事，对他的思想和性格的形成和发展又产生了什么样的影响。

关于克尔凯郭尔个人生活的传记材料，应该说是相当丰富的。西方学者们在这方面已经写过不少著作，而且至今仍然是研究的热门题目。克尔凯郭尔本人仿佛早已预见到这一点，他在《日记》中说过，不仅他的著作，而且连同他的生活，都将成为许多研究者的主题。在他生前出版的大量著作中有不少是以个人生活经历和体验为背景的，此外他还留下了篇幅浩瀚的日记和札记，这些资料不仅是他生活的真实记录，而且是他心灵的展示。他虽然生活在拿破仑后欧洲发生剧变的时代，却一直藏身于自己的小天地里，很少参与社会活动，不过用他自己的话来说，"在别人看来也许是区区小事，对我来说却是具有重要意义的大事"。他孤独地生活，却不断地和周围的人们和环境发生尖锐的矛盾，在他的生活中激起一阵阵的波涛。对他的思想发展和著述活动影响最大的有四件事：作为儿子与父亲的紧张关系，从猜疑到最后和解；作为恋人与未婚妻关系的破裂；作为作家与报刊的论争以及作为反叛的基督徒与教会的冲突。

1813年克尔凯郭尔生于哥本哈根的一个富商之家，他从小娇生惯养，过着优裕的生活，却从来没有感到童年的欢乐，他是作为一个不幸的儿童而成长起来的。这一方面是由于他生来就有生理上的缺陷，使他自己不能像别人一样参加各种活动而深感痛苦，用他自己的话来说，痛苦的原因就在于"我的灵魂和我的肉体之间的不平衡"。但另一方面更重要的是由于他从父亲那里所受的家庭教育。他的父亲马可·克尔凯郭尔出身贫寒，没有受过多少教育，依靠个人奋斗和机遇，由一名羊倌而经商致富，成为首都颇有名气的暴发户。这位老人以旧式家长的方式治家甚严，他笃信宗教，对子女们从小进行严格的宗教教育，教他们要敬畏上帝，向他们灌输人生来有罪，而耶稣的慈悲就在于为人们承担罪恶，被钉上十字架来人为赎罪这一套基督教思想。这在未来哲学家的幼小的心灵上打下了不可磨灭的深刻烙痕，既使他终身成为虔信的基督徒，又在他的内心深处播下了叛逆的种子。克尔凯郭尔后来批评他父亲的这种宗教教育方式是"疯狂的"、"残酷的"，他常说，他是没有真正的童年的，当他生下来的时候就已经是一个老人了。他回忆说，"从孩子的时候起，我就处于一种巨大的忧郁的威力之下……没有一个人能够知道我感到自己多么不幸"。"作为一个孩子，我是严格地按基督教精神受教育的：以人来说，这是疯狂地进行教育……一个孩子疯狂地扮演一个忧郁的老头。真可怕啊！"问题还不在于严格的宗教灌输，而在于他这个早熟的儿童以特有的敏感觉察到在他父亲表面的宗教虔诚底下掩盖着什么见不得人的秘密，一种有罪的负疚感在折磨着父亲，使之长期处于某种不可名状的忧郁之中。他说，他父亲是他见过的世上"最忧郁的人"，又把这全部巨大的忧郁作为遗产传给了他这个儿子。他曾在《日记》中写道，有一次父亲站在儿子面前，瞧着他，感到他处于很大的苦恼之中，就说："可怜的孩子，你是生活在无言的绝望中啊。"父亲的隐私究竟是什么，克尔凯郭尔始终没有明说，但有一次从他父亲醉酒后吐露的真言中多少知道了事情的真相，他对父亲的道德行为和宗教信仰之间的矛盾深感困惑和痛苦，这种对父亲的猜疑和不信任造成了他的沉重的精神负担，给他的一生蒙上了阴影。他自己这样说过，"我的出生是犯罪的产物，我是违反上帝的意志而出现于世的"。

克尔凯郭尔一家从1832年起接二连三地发生不幸事件，在两年多的时间内家庭主妇和三个儿女陆续去世，只剩下年迈的父亲和两个儿子。这对这位老人来说自然是莫大的精神打击，过去他一直认为自己是幸运儿，上帝保佑他发财致富并有一个舒适的幸福家庭，现在则认为无论财富、名望或自己的高龄，都是上帝借以惩罚他的有意安排，要他眼看着妻子儿女一个个地先他而死去，落得孤零零地一个人留在世上受折磨。他觉得自己是盛怒的上帝手心里的一个罪人，成天生活在恐惧中，并预感到他的还活着的两个儿子也将遭到不幸。家庭的变故和父亲的悲伤心情也同样使克尔凯郭尔受到了严重的精神创伤，他把这称为"大地震"。在他的《日记》中记述说，那里发生了大地震，"于是我怀疑我父亲的高龄并非上帝的恩赐，倒像是上帝的诅咒"，"我感到死的寂静正在我周围逼近，我在父亲身上看到一个死在我们所有女子之后的不幸者，看到埋藏他的全部希望的坟墓上的十字架墓碑。整个家庭必定是犯了什么罪，而上帝的惩罚必定降临全家；上帝的强有力的手必然会把全家作为一次不成功的试验而扫除掉"。他相信父亲的预言，就是所有的女子都至多活三十三岁，他自己也不例外。实际上他虽然照样享受着愉快的生活，内心里的痛苦和折磨却使他甚至起过自杀的念头。在《日记》里有这样一段话："我刚从一个晚会回家，在那里我是晚会的生命和灵魂；我妙语连珠，脱口而出，每个人都哈哈大笑并称赞我，可是我却跑掉了……我真想开枪自杀。"克尔凯郭尔父子之间的紧张关系曾导致父子分居，但父亲作了很大努力去改善关系，向儿子作了坦诚的忏悔，儿子深受感动，与父亲重新和解，并更加坚信上帝确实存在。双方和解后不久，父亲就去世了。克尔凯郭尔在《日记》中写道："我的父亲在星期三（9日）凌晨2时去世。我多么希望他能再多活几年呀，我把他的死看做他为了爱我而作出的最后牺牲；因为他不是离我而死去，而是为我而死的，为的是如果可能的话使我能成为一个重要的人。"

他说，从父亲那里继承得来的所有东西中，对父亲的追忆是最可珍爱的，他一定要把它秘密保存在自己的心里。我们在他的许多著作中都能发现这种特殊的父子关系所留下的深深的印痕，这是解读他的哲学思想时必须密切注意的。

除了父亲以外，对克尔凯郭尔的一生发生重大影响的是一位姑娘雷吉娜·奥尔森，他们之间的短暂而不幸的恋爱，在哲学家脆弱的心灵上造成了永远不能愈合的创伤。他初次邂逅雷吉娜是在1837年，当时他正处于自我负罪感的精神痛苦中，结识这位少女给了他重新获得幸福的希望。据他自己说，他一开始就感到"我和她有无限大的区别"，然而在结识她之后的半年内，"我在自己心里充满着的诗情比世界上所有小说中的诗情加在一起还多"。父亲死后，他下定决心向她求婚并得到同意，他感到自己无比幸福，后来他写道："生活中再没有比恋爱初期更美好的时光了，那时每一次会面、每看一眼都把某种新东西带回家去而感到快乐。"但这种幸福感很快就消逝了，他说，在订婚后的第二天，"我内心里就感到我犯了一个错误"，悔恨不已，"在那个时期内，我的痛苦是笔墨难以形容的"。

克尔凯郭尔究竟为什么刚订婚后就反悔，他自己并没有说得很清楚，看来这主要是由于心理上的原因。经过短暂的幸福，他又陷于不可克服的忧郁之中。雷吉娜对此也有所察觉，常对他说："你从来没有快乐过，不管我是否同你在一起，你总是这个样子"。但她确实爱上了他，甚至几乎是"崇拜"他，这使他深为感动。他认为，如果他不是一个忏悔者，不是这样忧郁，那么同她结合就是梦寐以求的无比幸福的事了。可是这样就必须对她隐瞒许多事情，把婚姻建立在虚伪的基础上，这不可能使他心爱的人幸福。因此他竭力设法解除婚约，雷吉娜却不愿与他分手，再三恳求他不要离开她。他却克制内心的痛苦，不为所动，坚决退回了订婚戒指，并写信请求她"宽恕这样一个男人，他虽然也许能做某些事，却不可能使一个姑娘获得幸福"。后来他自己说，"这真是一个可怕的痛苦时期：不得不表现得如此残酷，同时又像我那样去爱"。据他在《日记》里的记述，在分手后他哭了整整一夜，但第二天却又装得若无其事和往常一样。他时刻想念雷吉娜，每天为她祈祷。后来雷吉娜另嫁别人，而克尔凯郭尔始终保持独身，对她一直不能忘怀。他说："我爱她，我从来没有爱过别人，我也永远不会再爱别人"，"对我来说，只有两个人有如此重要的意义，那就是我已故的父亲和我们亲爱的小雷吉娜，在某种意义上，她对我来说也已经死了"。直到他们解除婚约五年后，他还在《日记》中写道："没有一天我不是从早到晚思念着她"。三年后他又说："是的，你是我的爱，我唯一的爱，当我不得不离开你时，我爱你超过一切"。其间他也曾试图与雷古娜恢复关系，但未能成功，终于他意识到他已永远失去了她。他说："我失去了什么？我失去了唯一的爱。"于是他才倾全力于著作活动，他在《日记》中明确指出自己写作的目的就是为雷吉娜："我的存在将绝对地为她的生活加上重音符号，我作为一个作家的工作也可以被看作是为了尊敬和赞美她而树立的纪念碑。我把她和我一起带进了历史。"他说，抛弃了雷吉娜，他不仅选择了"死亡"，而且选择了文学生涯，"是她使我成为一个诗人"，他的遗愿就是死后把他的著作献给雷吉娜以及他已故的父亲。他抱着这样的心情拼命写作，有的著作实际上是为了向雷古娜倾诉衷肠，是给她的"暗码通信"，如果不了解其背景，别人是难以充分理解的。

前面我们着重叙述了克尔凯郭尔和父亲的关系以及他的爱情悲剧，因为这对于理解这位哲学家其人及其著作是至关重要的，也正是因为他有了这样的生活经历和生存体验才使他成为黑格尔所说的"这一个"，而具有与众不同的独特的个性。他说："如果有人问我，我是怎样被教育成一个作家的，且不说我和上帝的关系，我就应该回答说，这要归功于我最感激的一位老人和我欠情最多的一位年轻姑娘……前者以他的高尚智慧来教育我，后者则以她那种缺乏理解的爱来教育我。"他还特别强调，他之所以能成为一个作家，正因为他失去了雷吉娜，如果他和她结了婚，他就永远不会成为他自己了。他注定不能享受家庭幸福，他是一个正如他自己所说的"最不幸的人"。

在克尔凯郭尔失恋以后，他的创作活动达到了高潮，在短短的几年内完成并出版了十几部著作。由于他继承了巨额遗产，可以自费出版自己的著作，使他的思想成果得以留传于世。但是，当时他的著作却没有多少读者，有的重要代表作仅销售数十册，社会影响也微不足道。克尔凯郭尔自己曾提到，《哲学片断》一书出版后，始终无人注意，没有一处发表评论或提到它。他为得不到人们的理解而深感痛苦,他说,"本来我写这些东西似乎应该使顽石哭泣,但它们却只是使我的当代人发笑"。但他一向自视甚高,认为自己富有天才,曾这样写道,"我作为一个作家,当然使丹麦增光,这是确定无疑的","虽然在我的时代无人理解我,我终将属于历史"。

克尔凯郭尔原以为自己只能活到三十三岁,因此他把出版于1846年的《〈哲学片断〉一书的最后的非学术性附言》当作自己"最后的"著作而倾注了全部心血。他感谢上帝让他说出了自己需要说的话,觉得在哲学方面已经不需要再写什么别的了。他本打算就此搁笔,隐退到乡村里当一个牧师了此一生。结果却出乎他自己的预料多活了九年,而且又重新拿起了笔,原因是他同报刊发生冲突,进行了一场论战,即所谓"《海盗报》事件",这对他的晚年生活起了相当大的影响。

在当时的丹麦,《海盗报》是由青年诗人哥尔德施米特创办的一家周刊。就其政治倾向来说,《海盗报》站在自由主义立场上用嘲笑和讽刺的方法抨击专制保守和落后的社会现象,但刊物的格调不高,经常利用社会上的流言飞语,揭发个人隐私,进行人身攻击。这份周刊在一般公众中很受欢迎,发行量相当大。哥尔德施米特在该刊上发表了一篇赞扬克尔凯郭尔的文章,却引起后者极度不满。克尔凯郭尔认为《海盗报》是专门迎合低级趣味的刊物,受到它的赞扬实无异于对他的莫大侮辱,于是他公开在报上发表文章尖锐地批评和揭露《海盗报》,由此引发了该报的全面反击。差不多在1846年整整一年内,《海盗报》连篇累牍地发表攻击克尔凯郭尔的文字,对他的为人竭尽揶揄讥讽之能事,甚至就他的生理缺陷、服饰、家产、生活习惯等大做文章,并配以漫画。那时漫画还是颇为新鲜的东西,上了漫画也就成为公众的笑料。这深深地伤害了克尔凯郭尔的自尊心,甚至他在街上也成为顽童们奚落嘲弄的对象。他原先以为在笔战中会得到一些人的支持，但无情的现实却使他极度失望。他不仅没有获得人们的同情，反而感到人们因他受嘲弄而幸灾乐祸。他在《日记》中说，"我是受嘲笑的牺牲者"。他觉得自己处于极端孤立的境地，面对着广大的情有敌意的公众，他说，"如果哥本哈根曾有过关于某人的一致意见，那么我必须说对我是意见一致的，即认为我是一个寄生虫、一个懒汉、一个游手好闲之徒、一个零"。又说："对于全体居民来说，我实际上是作为一种半疯癫的人而存在的。"在这种情况下，他不愿与人来往，性情也更孤僻了，当他每天上街作例行的散步时，唯一"忠实的朋友"就是他随身携带的一把雨伞。

《海盗报》事件使克尔凯郭尔得出结论，认为一般人都没有独立的主见，在所谓舆论、报刊的影响下，人人就完全被淹没在"公众"之中了。在他看来，多数人总是错的，真理只是在少数人手里。因此，他因自己的孤独而感到骄傲。正如他自己所描写的那样，"我就像一株孤独的松树，自私地与世隔绝，向上成长，站在那里，甚至没有一个投影，只有孤单的野鸽在我的树枝上筑巢。"不过这一事件也使他改变了想隐退去当乡村牧师的想法。"一个人让自己被群鹅活活地踩死是一种缓慢的死亡方式"，他不愿意这样地去死，他觉得他的任务还没有完成，还得"留在岗位上"继续写作。不过从1847年起，他的著作的性质发生了很大变化，由前一时期主要探讨美学的、伦理的和哲学的问题完全转向了宗教的领域。

1847年5月5日，克尔凯郭尔过了三十四岁生日，当天他写信给哥哥，对自己居然还活着表示惊讶，甚至怀疑自己的出生日期是否登记错了。过去他从未认真考虑过三十三岁以后应该做什么，现在他活了下来，怎么办？这是他面临的新问题。他感到上帝可能有意赋予他特殊使命，让他为了真理而蒙受痛苦，同时作为真理的见证人而向他的当代人阐明什么是基督教信仰的真义。怀着这样的使命感，他写了一系列"宗教著作"。他在说明自己作为一个作家的观点时说，他"从来也没有放弃过基督教"。这确实是真的，不过他对基督教和怎样做一个基督徒有他自己独特的理解，不仅和官方教会的正统观点不同，有时甚至公开唱反调。随着他的"宗教著作"的陆续出版，他和教会的分歧和矛盾就越来越尖锐化，终于爆发为公开的冲突。他激烈地批评丹麦教会，要求教会当局公开承认自己违背了基督教的崇高理想并进行忏悔。他指责教会已不再能代表《新约》中的基督教，认为他们的讲道不符合真正的基督教精神。他觉得对这种情况再也不能保持沉默，必须予以无情的揭露，同时要向公众阐明怎样才能做一个真正的，而不是口头上的基督徒。这就导致他和教会的关系彻底破裂。

克尔凯郭尔生命的最后一年是在同教会的激烈对抗中度过的。过去他写的大部头宗教著作，很少有人认真阅读，因此一般公众并不十分了解他在思想上与教会的严重分歧。于是他改变方式，在短短几个月内接连在报刊上发表了二十一篇文章，还出版了一系列小册子，并一反以往喜欢用笔名的习惯做法，都署自己的真名发表。这些文章和小册子短小精悍，通俗易懂，没有多少高深的理论，但批判性和揭露性很强。他公然向教会的权威挑战，指名批判自己过去的老师、新任丹麦大主教马腾森，对教会进行的宗教活动以及教士们的生活、家庭和宗教职务都极尽讽刺挖苦之能事，甚至公开号召人们停止参加官方的公共礼拜，退出教会。但是，克尔凯郭尔并未达到预期的目的，他全力发动攻击，马腾森和教会当局却始终保持沉默，轻蔑地置之不理，他企图唤起人们反对教会也徒劳无功，除了得到少数年轻人同情外，遇到的只是公众的冷漠和敌意。他大失所望，再次陷于孤立的困境，在这个时期内他拒不见客，与外界断绝往来。他的唯一在世的哥哥彼得那时在教会中已身居要职，他们之间的最后一点兄弟情谊也就此终结了。

1855年10月2日,克尔凯郭尔在外出散步时发病被送往医院救治,他自己意识到末日将临,说"我是到这里来死的"。在医院里,他拒绝了哥哥彼得的探视,拒绝从神职人员那里领受圣餐。他同意童年时期的朋友波森来探望,波森问他还有什么话想说,他起初说"没有",后来又说:"请替我向每一个人致意,我爱他们所有的人。请告诉他们,我的一生是一个巨大的痛苦,这种痛苦是别人不知道和不能理解的。看起来我的一生像是骄傲自大和虚荣的,实际上却并非如此。我不比别人好。我过去这样说,而且总是这样说的。我在肉中扎了刺,因此我没有结婚,也不能担任公职。"在去世前,他还向人表示,他对自己所完成的工作感到幸福和满足,唯一感到悲哀的是他不能和任何人分享他的幸福。他就这样离开了人世,终年四十二岁。这个反叛的基督徒的葬礼还为教会制造了最后一次麻烦,他的外甥带领一批青年学生抗议教会违背死者的意愿,擅自决定由牧师主持葬礼。葬礼只得草草结束,他被安葬于家庭墓地,但却没有设立墓碑。过去他在《日记》里曾写道,在英国某地,有一块墓碑上只刻着"最不幸的人"这几个字,可以想象并没有人埋藏在那里,"因为这墓穴是注定为我而准备的"。结果却是他死后墓地上连这样的一块墓碑也没有。他的遗嘱指定他把所剩无几的遗产赠给他念念不忘的雷吉娜,也遭到她的拒绝。直到半个世纪以后,年迈的雷古娜才说出了真心话:"他把我作为牺牲献给了上帝"。

综观克尔凯郭尔短促的一生,他的生活经历虽然没有戏剧性的情节,其内在的精神发展却充满矛盾、冲突、痛苦,有着无比丰富复杂的刻骨铭心的人生体验,迫使他深入地思考和探索在这个世界上生存的意义和个人的价值,这些都体现在他的哲学和宗教思想里。他虽然总是从他个人的视角和以他个人的独特方式去对待这些问题,而这些问题是现代社会里的人普遍关心和感兴趣

11

的，因此具有现代的意义。这也就是我们今天仍然需要认真研究克尔凯郭尔的原因。

本选集的出版得到了丹麦克尔凯郭尔研究中心的资助，特此致谢。

天才释放出的尖利的闪电
——克尔凯郭尔简介

尼尔斯·扬·凯普伦

"天才犹如暴风雨：他们顶风而行；令人生畏；使空气清洁。"这是索伦·克尔凯郭尔在1849年的一则日记中所写下的句子。他自视为天才，而且将自己的天才运用到"做少数派"的事业之上。他总是顶风而行，与社会的统治力量及其教育体制相对抗，因为他认为"真理只在少数人的掌握之中"。为了与抽象的"公众"概念相对，他提出了具体的"单一者"（den Enkelte）的概念。

索伦·克尔凯郭尔是丹麦神学家、哲学家和作家，他出生于1813年5月5日，是家中7个孩子当中最小的一个。他在位于哥本哈根市新广场的家中度过的特殊的青少年时期受到了其父浓厚的虔敬主义和忧郁心理的影响。1830年他完成了中等教育，旋即被哥本哈根大学神学系录取。很快地，神学学习就让位给文学、戏剧、政治和哲学，让位给一种放荡的生活，而后者部分的是出于他对家中严苛而阴暗的基督教观念的反抗。但是，1838年5月他经历过一次宗教觉醒之后，加之他的父亲于同年8月辞世，克尔凯郭尔返归神学学习之中，并于1840年7月以最佳成绩完成了他的神学课程考试。

两个月之后，克尔凯郭尔与一位小他9岁的女孩雷吉娜·奥尔森订婚。但是，随后"从宗教的角度出发，他早在孩提时起就已经与上帝订婚",因此他无法与雷吉娜完婚。经过了激烈的暴风雨式的 13 个月之后,1841 年 10 月,他解除了婚约。这次不幸的爱情在克尔凯郭尔日后的生活道路中留下了深刻的痕迹,同时它也促使克尔凯郭尔以 1843 年《非此即彼》和《两则陶冶性讲演》两本书的出版而成为一名作家。

其实,早在 1838 年,克尔凯郭尔就出版了自己的第一本书《尚存者手记》。这是针对安徒生的小说《仅仅是个提琴手》的文学评论。丹麦作家安徒生(1805—1875)曾创作了少量的几部小说、一些游记作品、歌剧脚本、舞台剧本以及大量的诗歌,但他最终以童话作家的身份享誉世界。克尔凯郭尔认为,《仅仅是个提琴手》在艺术上是失败的,因为它缺乏了某种"生活观"(Livs-Anskuelse)。在其处女作发表几年之后,1841 年,克尔凯郭尔以题为"论反讽概念"的论文获得了哲学博士学位(magistergrad)[①],论文对"反讽"进行了概念化的分析,其中"反讽"既得到了描述,又得到了应用。

克尔凯郭尔就哲学、心理学、宗教学以及基督教所发表的作品大致由 40 本书以及数量可观的报刊文章组成,这些作品可以被划分为两大阶段:1843—1846 年和 1847—1851 年。除《非此即彼》以及合计共 18 则陶冶性讲演之外,第一阶段写作出版的作品还有《重复》、《畏惧与颤栗》、《哲学片断》、《恐惧的概念》、《人生道路诸阶段》和《对〈哲学片断〉所做的最后的、非学术性的附言》;其中出版于 1846 年的《附言》一书成为区分两阶段的分水岭。所有的陶冶性讲演是克尔凯郭尔用真名发表的,其余作品则以笔名发表,如 Constantin Constantius, Johannes de silentio, Vigilius Haufniensis, Johannes Climacus。克尔凯郭尔

[①] 在现代丹麦的学位制度当中,magister 对应于 Master's Degree(硕士学位),但是在历史上,magistergrad 却是哥本哈根大学哲学系的最高学位,自 1824 年以来它对应于其他系科的 doktorgrad(博士学位),1854 年该学位被废除。(译者注)

写作的第二阶段即基督教时期发表有如下作品：《爱的作为》、《不同情境下的陶冶性讲演》、《基督教讲演》、《致死的疾病》、《基督教的训练》。这一阶段的作品除了后两部以 Johannes Climacus 的反对者 Anti-Climacus 发表之外，其余作品均以克尔凯郭尔的真名发表。

此外，克尔凯郭尔还写有大约充满 60 个笔记本和活页夹的日记。这些写于 1833—1855 年的日记带有一种与日俱增的意识，即它们终将被公之于众，而这些日记使我们得以窥见克尔凯郭尔所演练的"在幕后练习台词"的试验。与其发表的作品一样，克尔凯郭尔的日记在 1846 年前后也出现了一个变化。写于 1846 年之前的日记表现的是在其发表作品背后的一种文学暗流。这些日记无所拘束、坦白、充满试验性，折射出那个年轻且充满活力的作家的洞察力。那些简短的描述和纲要、观察笔记、释义段落，它们充斥着前后彼此的不一致，它们相互之间以及与作者的生活之间存在着或合或离的关系。而写于 1846 年之后的日记——它们由 36 个同样的笔记本、共计 5700 个手写页组成，其内容则成为内向性的自我萦绕和一种自我申辩。其间，克尔凯郭尔一直在诠释着和讨论着他已发表的作品，反思这些作品及其作者在现时代的命运。

在克尔凯郭尔的写作当中，在很大范围内也在其日记当中，他描述了生存的诸种可能性，尤其是三种主要阶段，对此他称为"生存的诸境界"（Existents-Sphærer），即审美的、伦理的和宗教的境界。他的基本观点在于说，每个人首先必须或者说应该——因为并非每个人都能做到这一点——使自身从被给定的环境当中、从其父母和家庭当中、从其所出生和成长的社会环境当中分离出来。然后，他必须开始历经生存的各个阶段（Eksistensstadier），在此进程之中他将获得其永恒的有效性，成为一个独立的个体（individ）。这个个体将成为其自身行动的主体，进而将成长为一个独特的、负有伦理责任的人。直到最终，在负罪感的驱使之下，伦理的人将步入宗教境界。克尔凯郭尔年仅22岁的时候就已经对此主题发表了自己的看法，首先是涉及他自己，同时也关涉所有的人。他试图明白，生活对他而言意味着什么。在1835年的一则日记中他这样写道：

"一个孩子要花些时间才能学会把自己与周围的对象区分开，在很长一段时间内他都无法把自己与其身处的环境区别开来，因此，他会强调其被动的一面而说出，例如，'马打我'（mig slaaer Hesten）这样的句子来。同样，这种现象将在更高的精神境界当中重现。为此我相信，通过掌握另一个专业，通过把我的力量对准另外一个目标，我很可能会获得更多的心灵安宁。在一段时间内这样做可能会起作用，我可能会成功地将不安驱赶出去，但是毫无疑问，这不安仍将卷土重来，甚至更为强烈，如同在享受了一通冷水之后迎来的是高烧一样。我真正缺乏的是要让我自己明白，我应该做些什么，而非我应该知道些什么，尽管知识显然应该先于行动。重要的是寻找到我的目标，明确神意真正希望我所做的；关键在于找到一种真理，一种为我的真理，找到那种我将为之生、为之死的观念。"（日记 AA：12）而当一个人找到了这样的真理的时候，这真理只为那个具体的人而存在，这人也就获得了内在的经验。"但是"，克尔凯郭尔提醒说，"对于多少人而言，生活中诸种不同的印迹不是像那些图像，大海在沙滩上把它们画出就是为了旋即将它们冲刷得无影无踪"。

这个真理，这个我作为一个独特的人应该寻找并且使之成为我的真理，它在这个意义上来说是主观的，即我是作为主体的我在选择它。再进一步说，它还在这个意义上来说是主观的，即我应该以它为根据改造我的主体性和我的人格，应该根据它去行动。根据克尔凯郭尔，真理永远是处于行动中的，因此他还强调我应该做什么。在上述背景之下，很多年之后，克尔凯郭尔在他的主要哲学著作《附言》当中提出了"主观性即真理"的命题。这个命题不应该被理解成在独断的或者相对的意义上说真理是主观的,似乎此真理能够与彼真理同样好。恰恰相反在克尔凯郭尔看来,生存中存在着一种绝对的真理,一种永恒有效的真理,正是这种真理才是作为主体的我、作为个体的我要去参与的;当我选择的时候,它就应该成为为我而存在的真理。不仅如此,当我选择那个永恒有效的真理的时候,我要占有这真理,根据它改造作为主体的我,把它作为我的所有行动的绝对准则。

假如这一切并未发生,假如我的生活纠缠在诸多独断的真理之中并且远离了我的规定性的话,那么只有一种可能性,就是沿着我曾经向前走过的同一条路倒着走回去。克尔凯郭尔曾运用了一个取自古老传说中的意象。传说中有一个人着了一支乐曲的魅惑,为了摆脱音乐的魔力,他必须将整支曲子倒着演奏一遍。"一个人必须沿着他所由来的同一条道路倒行,犹如当把乐曲准确地倒着演奏的时候魔力就被破除了的情形一样(倒退的)。"(日记AA:51)

假如我并未返回出发点以便找到那条通往真理的正确道路,而是使我的生活纠缠在那些独断的真理之中的话,那么我将陷入沮丧之中。有这样一种情形:我有一种强烈的愿望,但我并不知道我所希望的到底是什么,也没有准备好调动我的力量去发现之,因为那将意味着我必须使自己从那种我曾经纠缠其中的生活当中挣脱出来,于是我便无法去希望。克尔凯郭尔把这样的一种情形称为"忧郁"(tungsind)。

"什么是忧郁?忧郁就是精神的歇斯底里。在一个人的生活中会出现一个瞬间,当此之时,直接性成熟了,精神要求一种更高的形式,其中精神将把自身视为精神。作为直接性的精神而存在的人是与整个世俗生活联系在一起的,但是现在,精神将使自身从那种疏离状态中走出来,精神将在自身当中明白自己;他的人格将会在其永恒有效性内对自身有所意识。假如这一切并未发生，运动就会终止，它将被阻止，而忧郁也由此介入。人们可以做很多事情以试图忘掉它，人们可以工作……但是，忧郁仍然在那里。

"在忧郁当中有着某种无可解说的东西。一个悲伤或者担忧的人是知道他为什么悲伤或者担忧的。但是倘若你询问一个忧郁的人，问他为什么会忧郁，是什么压在他的身上，他将会回答你说，我不知道，我无法解释。忧郁的无限性就在这里。这个问答是完全正确的，因为他一旦知道他因何而忧郁，忧郁就被驱除了；可是那个悲伤者的悲伤绝不会因为他知道自己因何悲伤而被驱除。但是，忧郁是罪（Synd）……它是那种没有深刻地、内在性地去希望的罪，因此它是众罪之母……可是一旦运动开始了，忧郁就会被彻底驱除，同时就同一个个体而言，他的生活仍然可能带给他悲伤和担忧。"

在《非此即彼》当中，克尔凯郭尔曾这样写道："很多医生认为忧郁存在于肉体之中，这一点真够奇怪的，因为医生们无法将忧郁驱除。只有精神才能驱除忧郁，因为忧郁存在于精神当中。当精神找寻到自身的时候，所有微不足道的悲伤都消失了，据很多人说产生忧郁的根源也消失了——这根源在于说，他无法在这个世界上立足，他来到这个世界太早或者太晚了，他无法在生活中找到自己的位置。那个永恒地拥有自身的人，他来到这个世界既不太早也不太晚；那个居于其永恒当中的人，他将会在生活当中发现自己的意义。"（SKS 3，pp. 183—184）

有了对忧郁的如是理解，克尔凯郭尔提出了另一个重要的概念：恐惧（angst），在其心理学著作《恐惧的概念》当中他对这个概念做出了阐发。在书中，假名作者 Vigilius Haufniensis 描述了恐惧的诸种现象并且发问道，恐惧或者毋宁说一个人会变得恐惧的事实会揭示出人是什么呢？对此他回答说：人是一个与成为他自己这一任务密不可分的自我。这位假名作者还描述了这项任务失败的原因，因为个体不仅仅在因善而且也在因恶的恐惧当中受到了束缚，最终，他陷入了妖魔式的内敛当中。

而恐惧又引发出了另一个新的概念：绝望（Fortvivlelse），对此克尔凯郭尔让其身为基督徒的假名作者 Anti-Climacus 在《致死的疾病》一书中做出了分析，该书与《恐惧的概念》相呼应。正是 Anti-Climacus 表达了克尔凯郭尔关于人的最终的观念：人是一个综合体，是一个在诸多不同种的尺度（Størrelse；对应于德文 Grösse）之间的关系，例如时间性与永恒性、必然性与可能性，但是它却是一种与自身发生关联的关系。在书的第一部分中，Anti-Climacus 通过对绝望的不同形式的描述展开了这一观念，在此绝望被理解为人不愿成为自我。在书的第二部分中，作者深入阐明了他对绝望的理解，他认为绝望是罪，以此，他与《恐惧的概念》一书中关于罪的理论相呼应。于是，绝望成了经强化的沮丧，或者是以上帝为背景而思想时的沮丧，也就是说，一个人不愿意成为如上帝所创造的那样的自我，不愿去意愿着或者执行上帝的意志。"心的纯洁性在于意愿一（件事）"，而这个"一"最终就是上帝。

那个意愿着上帝并且因此也意愿着成为如上帝所创造的自我一样的人；那个不再与上帝和其自身相疏离的人——处于这种疏离状态的人或者处于在罪过（Skyld）的封闭的禁锢当中，或者处于关于自我的梦想的非现实的理想图景当中；那个人将真正地走向自我，他将与自我和自我同一性共在，因此，他将在场于生活的实在的场中。克尔凯郭尔在其成文于 1849 年的三则审美性的、关于上帝的讲演《田野的百合与空中的飞鸟》中这样写道："什么是快乐，或者说快乐是什么？快乐也就是真正地与自我同在，而真正地与自我同在指的就是那个'今天'；在（være）今天，其实就是指在今天。它与说'你在今天'，与说'你与你自身就在今天同在',说'不幸的明天不会降临到你的头上'同样正确。快乐指的就是同在的时间,它所着力强调的是同在的时间(den nærværende Tid)。因此上帝是幸福的,作为永恒的存在他这样说:今天;作为永恒的和无限的存在,他自身与今天同在。"(SV14,160)

克尔凯郭尔在第一阶段的写作中完成了对三种人性的"生存境界"的描述之后,在第二阶段中他指出了在与基督教的关系之下这三种境界的不足之处。一个人要成为一个真实的自我,首先要通过作为上帝所创造的产物而与上帝建立关联。一个人要成为真正的自我,他首先要认识基督并且使他的罪过得到宽恕。但是,在认识之前同样需要行动。因此,真理总是在行动中的真理,正如信仰总是在作为(Gjerninger)中的信仰一样。

在第二阶段的写作当中,对人性的和基督性的理解同时得到了强化。克尔凯郭尔进一步强调,那个决定性的范畴即在于单个的人,即"那个单一者"(hiin Enkelte);但是与此同时,他也越来越强调一种以宗教为根基的对于人与人之间的平等关系的把握。这一点与他对于所处时代的不断成熟的批评是并行的。1846年,克尔凯郭尔发表了题名为"文学评论"的作品,对一位年长于他的同时代丹麦作家托马西娜·伦堡夫人(1773—1856)的小说《两个时代》做出了评论。其间,克尔凯郭尔赋有洞见地总结了那个日益进步的现代社会的特征,表达了他的政治和社会思想,指出当今时代呈现出一种平均化和缺乏激情的倾向。

克尔凯郭尔自视自己是一位以"诠释基督教"为己任的宗教作家。他将"清洁空气",他将把所有的幻象和所有的虚伪都剥除净尽,并且返回"新约的基督教"。在此背景之下,他在自己生命的最后几年当中对丹麦的官方所宣称的基督教以及基督教权威机构展开了攻击。1854年年底,克尔凯郭尔以在名为"祖国"的报纸上所发表的一系列文章开始了他针对教会的战斗。

继而，这场战斗又继续在更强烈、更激进的新闻性小册子《瞬间》（共计9册）当中进行。

1855年10月，克尔凯郭尔在街头摔倒了，他病入膏肓，精力耗尽。他被送往了弗里德里克医院（地址即今天的哥本哈根市工艺美术博物馆），11月11日，他在那里告别了人世。

克尔凯郭尔在19世纪末20世纪初之际被重新发现，并且在第一次世界大战之后获得了广泛的国际声誉。他成为辩证神学、存在哲学以及存在神学的巨大的灵感源泉。自20世纪60年代至80年代中期这段时间里，克尔凯郭尔（研究）一度处于低潮。自那以后，克尔凯郭尔获得了巨大的复兴，不仅在学者和研究者中间，而且还在一个更为广泛的公众当中；这种复兴不仅发生在丹麦国内，而且还发生在国际上，包括很多东欧社会主义国家。

这种重新焕发的对于克尔凯郭尔的兴趣反映了一种崭新的对生存进行全面理解的愿望，人们希望在当今众多相对的、划时代的，以及由文化决定的真理之外寻求到一种可能的永恒真理。这种探求不仅仅在知识—哲学的层面之上，而且还应落实到伦理—生存的层面之上。这种寻求还与寻找对个体的意义、伦理学的基础以及宗教与社会的关系这些根本性问题的新的解答联系在一起。

"有两种类型的天才。第一种类型以雷声见长，但却稀有闪电。而另一种类型的天才则具有一种反思的规定性，借此他们向前推进……雷鸣声回来了，闪电也非常强烈。以闪电的速度和准确性，他们将击中那些可见的每一个点，而且是致命的一击。"毫无疑问，克尔凯郭尔属于后一种类型的天才。

（王　齐译）

译者的话

早在 2001 年，我就在《世界哲学》的前身《哲学译丛》上发布了中国社会科学院哲学所将与丹麦哥本哈根大学合作翻译出版十卷本《克尔凯郭尔文集》的消息。当时，项目协约刚刚签订，我作为编委会秘书有责任向学界公布这一消息。时光流转，在过去的十余年间，很多学界前辈和同仁都对这个翻译项目表示了极大的关注和期望，也给了我很多的鼓励，令我感动和不安。今天，我终于怀着一颗"战战兢兢"的心把这本薄薄的《哲学片断》呈现在读者面前，感觉像是学生递上了自己的考卷，期待着学界前辈和同仁的批评指正。

《哲学片断》的翻译始自 2002 年，那是我在结束了哥本哈根大学"克尔凯郭尔研究中心"的博士后研究之后所从事的第一项工作。离开丹麦的时候，我的语言感觉十分好，信心十足，所以选择了这本篇幅不大的"小书"小试牛刀，虽然之前我早已通过英译本对这部著作的晦涩了然于胸。随着翻译工作的进展，我才觉得自己真是有些初生牛犊不怕虎的味道。《哲学片断》虽然篇幅短小，但寓意深刻，远比那部大部头的《对〈哲学片断〉的最后的、非科学性的附言》要困难。尽管如此，一年时间，这本十多万字的"小书"也就译完了。接下来的任务就是翻译《附言》。最初制订文集篇目的时候，编委会着眼于《哲学片断》和《附言》的厚薄不均问题，计划把这两部书放在一起，作为文集的第四、五卷同时出版，具体说就是在第四卷中收录《哲学片断》以及《附言》的一小部分，第五卷则收录《附言》的主体部分。这个方案虽不甚理想，但也不失为一种操作方法。无奈，《附言》的翻译一直未能列上日程，《哲学片断》也就被束之高阁了。今年编委会重审文集出版方案，从读者阅读的完整性出发，决定把两部书单独出版。于是我不得不面对自己十年前完成的译稿，一时似有面目全非之感，因为这毕竟不是以十年之功打磨出来的作品。聊以自慰的是，在十年时间中，我对克尔凯郭尔、对《哲学片断》的理解向前推进了；而断断续续翻译《附言》的经历也历练了我的技巧，校改过程中我似乎感觉为克尔凯郭尔的这本书找到了一种"汉语风格"。根据编委会的工作程序，京不特先生仔细审阅了译稿，在最大限度地尊重我的翻译风格的前提下，提出了很多我非常珍视的修改意见和建议，令我更为放心。所有的错误当然都在我本人。中国社会科学出版社的冯春凤在过去的十年中为《克尔凯郭尔文集》的出版付出了很多心血，我们之间的合作十分愉快。

《克尔凯郭尔文集》所依文本是"克尔凯郭尔研究中心"自1997年开始整理出版的《克尔凯郭尔全集》（*Søren Kierkegaards Skrifter*，简称 SKS），包括文本 28 卷、"集注"（Kommentarer）27 卷，全集已于 2013 年初全部完成。本书的翻译依据的是《全集》和"集注"的第四卷。"集注"卷为读者和译者提供了从语言释义到历史文化背景等方方面面的帮助。即使对丹麦本国人言，克尔凯郭尔的用语也因距今久远而不易把握。在翻译过程中，我根据中国读者的情况对"集注"卷中的相关内容进行了一定的删减，当然也做了一些必要的添加，包括对一些主要概念的汉语诠释表达了自己的看法。所有这些注释均以"文后注"的形式出现，而脚注为原文所有，它们是文本的有机组成部分。为保持阅读的流畅，正文中未出现任何一个有异于文本的字符。文本中所采用的全部非丹麦文的字句都直接译出，"文后注"抄录有这些字句。在翻译西方哲学经典作品的时候，我有意识地采用了朱光潜、贺麟、王玖兴、杨一之诸位前辈的成果（除朱光潜先生外，其余三位都是我所在的哲学所西方哲学史研究室的前辈），他们曾经在相当长的一段时间内因"思想改造"尚未完成而无权撰写研究论文，只能以翻译为工作。但他们对翻译活动的认真、较真态度令人敬佩，深厚的学术功底和汉语之贴切古雅令人赞叹。听说贺先生尝言，翻译一部书就等于征服一部书，此语非曾尽心尽力做过翻译的人说不出来。我们读书都会碰到"读不懂"的时候，做研究工作时还可以把这些"读不懂"的地方暂时"悬置"起来，留存于心，待日后再解。但做翻译的时候此法却行不通——"读不懂"的地方是不允许绕过去的。当然，真读懂的部分译起来更得心应手，硬读懂的地方有可能不尽如人意。翻译涉及到解释学问题，因而翻译"无达诂"；同时翻译也是一门语言艺术，它的追求是无止境的。严肃的翻译比写作更让人觉得谨小慎微，因为翻译承载着比写作更多的责任。

　　哥本哈根大学的尼尔斯·扬·凯普伦（Niels‑Jørgen Cappelørn）教授是《克尔凯郭尔全集》的发起人和主要负责人，他从一开始就对中文翻译项目给予了极大的关切，并寄予厚望。没有他，就没有中文版《克尔凯郭尔文集》。这本书是献给他的。

哲学片断
或片断的哲学

作者：约翰尼斯. 克利马克斯
出版人：克尔凯郭尔

哥本哈根　1844 年

永恒意识能否拥有一个历史的出发点?这样的出发点如何能够超出历史的关切之外?一个人能否将永恒福祉建立在历史知识之上?

宁可好好地吊死也不结坏的婚姻
（莎士比亚《第十二夜》第一幕第五场）

目 录

前言 …………………………………………………（ 1 ）
第一章　思想方案 …………………………………（ 8 ）
第二章　神：教师和拯救者（一个诗的尝试）……（ 26 ）
第三章　绝对的悖谬（一个形而上的奇思异想）…（ 44 ）
附录　对悖谬的愤慨 ………………………………（ 60 ）
第四章　当代弟子的情况 …………………………（ 68 ）
间奏曲 ………………………………………………（ 87 ）
附录　应用 …………………………………………（109）
第五章　再传弟子 …………………………………（112）
寓意 …………………………………………………（138）

概念对照 ……………………………………………（139）
人名对照 ……………………………………………（145）

前　言

　　这里提供的只是个小册子，我亲笔所写，代表自己，一切后果自负，[1]它绝不自命参与了科学研究的努力[2]，其间人们获得了正当的理由成为转换和过渡，成为终结者、准备者、参与者，成为合作者或自觉的追随者，成为英雄或某种相对的英雄，或者至少成为一个绝对的吹鼓手。这仅仅是个小册子而不会成为别的什么，即使我像贺伯格笔下的文学博士一样，但愿一切顺利，还要续写17卷[3]。它绝少有机会成为别的什么，就像一个只能写半小时演讲稿的人，就算连篇累牍地写着，也不可能写出别的东西。这里所展示的与我的能力相匹配，我不像那位高贵的罗马人，他"出于充分的理由而非懒惰"[4]而不去为体系服务[5]，我可是一个懒惰的无所事事的人，出于天性，并且有着充足的理由。不过，我并不想犯游手好闲之罪，这罪在任何时代都是一桩政治罪，尤其是在动荡的岁月里，在古代它甚至要被处以死刑[6]。可是，假如某君因其介入而犯下了一桩更大的罪行，假如他只能引起混淆，那么，他只管好自己的事情岂不是更好？并不是每个人都能幸运地使其思想活动与公共利益相吻合，那种幸运程度会使人们几乎难以断定，此人是为他自己还是为公众操心。当叙拉古沦陷的时候，阿基米德坐在那里，丝毫不受干扰地注视着他画的圆形，就是他对杀害他的罗马士兵说出了这些美丽的字句："请不要打扰我的圆形"[7]。那些没有如此走运的人应该寻找另外的原型。当科林斯受到腓利围城的威胁之时[8]，所有居民都忙着工作，有的擦枪，有的垒石头，还有的在修墙。第欧根尼看到后，迅速卷起自己的长袍，怀着极大的热情把他的桶在街上滚来滚去[9]。当别人问他为什么要这么做的时候，他回答说：我也在做事，我滚自己的桶来着，我可不想成为众多忙碌的人群当中唯一的游手好闲之徒。这样的行为至少不是诡辩的，假如亚里士多德关于诡辩术是人们赚钱的手段的说法是正确的话。这样的行为至少不会引人误解，我实在想不出会有人把第欧根尼当作城邦的解救者和施主。同样，我觉得也不可能会有人赋予一个小册子以世界历史的意义（至少这一点在我看来是能够威胁我的冒险事业的最大危险）；也不会有人假设说，那个小册子的作者就是我们可爱的皇都哥本哈根正在等待着的那个带有体系特点的所罗门·格尔德卡布[10]。假使真有此事发生的话，这个罪人一定是天性愚蠢之极，而且很可能地，通过日复一日地在反唱中胡喊乱叫的方式，每一次都会有人使他相信，一个新的时代、一个新的纪元什么的即将到来[11]。他完全用上了他被吝啬地配给的健全理智中的充足部分喊叫着，结果他进入了一种幸福状态，我们只能称之为高级的疯狂，其症状就是喊叫，痉挛式的喊叫，而喊叫的内容也就是这些词儿：时代，纪元，时代和纪元，纪元和时代，体系。这种幸福的情状是一种非理性的狂喜[12]，就好像他生活中的每一天还不只是每四年才轮到一次的闰日，而好像是每隔一千年才碰上一回的日子似的。而概念也正像游园会上的杂耍艺人，时刻耍着"转变"的戏法，直到这概念把那人"推倒"为止[13]。上天保佑我和我的小册子不要落到这步田地，一个喧闹的"只会吵闹的傻瓜"会因其介入而把我从无忧无虑的自我满足状态中拖出来。一个如我这般的小册子作者会去阻止善良仁慈的读者不受限制地在这里寻找是否有可用的东西。那傻瓜还会把我置于一种悲喜剧式的尴尬境地，我将嘲笑自己的不幸，就像那座惬意的城市腓德烈在其不幸当中大笑一样，有人从报上读到一则当地的火警新闻："警报响了起来，救火车从街道中驶过。"[14]尽管腓德烈只有一辆救火车，而街道也可能不超过一条。这条新闻迫使读者推论，那辆唯一的救火车并不是直接开往出事地点，而是煞有介事地在街道上做从侧翼包围之势……不过，当然了，我的这篇小东西看来绝不会让人想到警报声，而它的作者无疑绝不倾向于去拉响警报。

那么，我的意思是什么呢？……请别问我这个问题。其次，我是否有个"意思"，对于他人来说这比"我的意思是什么"更无足轻重。对我来说，有所意味既太多又太少，它预先设定了生活中的一种安全和健康，一如俗世生活中拥有妻室儿女的情形，不过这些并没有赐给那些日夜操劳忙碌但却仍然生活无着的人们。在精神的世界里我的情况即是如此。我曾经、而且仍然在培养我自己为了思想轻松起舞，尽最大可能地为上帝的荣耀和我自己的快乐自愿放弃一切世俗的幸福和公民的体面声望，放弃共同的利益[15]和欢乐的和谐，而这些都意味着有个"意思"。

我是否会由此得到报偿，是否会像那些伺候祭坛因而也分享坛上的物的人们一样呢？[16]……这一点将由我自己决定。我所服务的对象，用金融家的话来说，有着良好的信用，而且这里所说的"良好信用"与金融家理解的不同。不过，如果有谁出于礼貌而假定我有个"意思"，如果他把这殷勤推向极端而接受了那个"意思"，只因为那是我的；那么，我对他的殷勤表示遗憾，因为它给予了一个毫无价值的人；对他的"意思"我也表示遗憾，假如他的"意思"与我的并无二致的话。我可以拿我自己的生活来冒险，我可以郑重地与我自己的生活开玩笑，而不是别人的生活。这是我能够做到的，是我能为思想做的唯一的事。我没有什么学问可以提供给思想，"几乎不值一个德拉克马的课程，更别提值50德拉克马的大课了"（《克拉底鲁》）[17]。我有的只是我自己的生活，每当困难显现之时，我立刻就会拿它来下

3

注。于是，那舞蹈轻盈起来；关于死亡的思想是位曼妙的舞伴，我的舞伴，其他任何人对我来说都太沉重了。因此，我请求，向神请求[18]：谁也别请我跳舞，因为我不跳舞。

约翰尼斯·克利马克斯

题解

1. 书名

《哲学片断或片断的哲学》原文写为 *Philosophiske Smuler eller En Smule Philosophi*，英译为 *Philosophical Fragments*。把丹麦语词 Smuler 译成拉丁语源的 Fragments 颇为一些丹麦学者所诟病，其理由是 Smule 除了指"从某物分离出来的极小的、甚至是贫乏的部分"之外，本身还有"面包渣"的意思。《马太福音》15：21-28 "迦南妇人的信心"一节中，耶稣对前来寻求帮助的迦南妇人说："不好拿儿女的饼丢给狗吃。"妇人说："主啊，不错，但是狗也吃他主人桌子上掉下来的碎渣儿。"耶稣视这妇人的信心为大，因此成全了她的心意，治愈了她女儿的病。这里的"碎渣儿"在丹麦语《马太福音》中，用的就是 de smuler。但就 Smule（r）的主体意思言，Fragment 的意思并未出其左右，中文"片断"的意思也与之相契合，它们都有"不管分离出来的部分有多小、多微不足道，它们仍具有与其所出之物相同的本质"的意思，因此我选择"片断"而非更形象的"碎片"、"残片"来与 Smuler 相对应。这一点与假名作者在行文中称这本书是个"小册子"（Piece）的意思是相吻合的。此外，考虑到克尔凯郭尔对哲学体系化的批判态度，我想借助"片断"一词所蕴含的"整体之一部分"的意思，以及它作为形容词所表示的"零碎的、不完整的"意思来与"体系"相对立。

2. 出版时间

《哲学片断》出版于 1844 年 6 月 13 日，"克尔凯郭尔"的名字（写为 S. Kierkegaard）作为"出版人"而出现。同年 6 月 8 日，克尔凯郭尔用真名发表了 *Tre opbyggelige Taler*（《三则陶冶性讲演》）；6 月 17 日，他用假名 Vigilius Haufniensis 出版了 *Begrebet Angest*（《恐惧的概念》），用假名 Nicolaus Notabene 出版 *Forord*（《前言》）。

3. 假名作者

Johannes Climacus（约翰尼斯·克利马克斯）的名字是有喻义和来历的。Climacus 意为"台阶"、"阶梯"，这是一位希腊修道士和隐士（约579年—649年）的绰号。此人曾独居山洞40年，著有 *scala paradisi* 一书，意为《天堂之梯》，其意象取自《创世记》当中雅各所梦见的"顶天立地"的"梯子"（28：12），该书着重讨论了修道士们应该摒弃的邪恶和应该追求的美德。

4. 题辞

克尔凯郭尔不谙英文，他所阅读的莎士比亚著作是由德国浪漫派作家施莱格尔（A. W. Schlegel）和蒂克（L. Tieck）所译的德文版 *Shakespeare's dramatische Werke*。

注释

[1]"我亲笔所写，代表自己，一切后果自负"对应于三个独立的固定拉丁语表达：proprio Marte, propriis auspiciis, proprio stipendio。

[2] 丹麦语中 videnskablig 一词既有"科学的"，又有"学术的"甚至"学院化的"意思。"科学研究的努力"（den videnskablige Stræben）指的是黑格尔力图使哲学"接近于科学的形式"并成为"真正的知识"的努力，故仅取其"科学的"涵义。

[3] 路德维·贺伯格（Ludvig Holberg, 1684—1754），丹麦—挪威剧作家，丹麦戏剧艺术的奠基人，其青铜塑像矗立在哥本哈根皇家剧院门前。此处的典故出自他写于1725年的喜剧《雅各布·冯·曲堡或夸夸其谈的士兵》（*Jacob von Tyboe Eller Den stortalende Soldat*），剧中有个博学的文学博士 Stygotius 说："我将要踏着前辈的足迹，后天人们将会看到证据，到那时，但愿一切顺利，我要去答辩。"他的论文题为《论这个或那个地方》（de alicubitate），他许诺说还要续写5卷。

[4]"那个高贵的罗马人"指罗马历史学家萨卢斯特（Sallust）（公元前86年—前34年）。他曾是凯撒的一个党羽，后撰写了关于朱古达战争的历史。"出于充分的理由而非懒惰"（*merito magis quam ignavia*）的说法即

出自他，原文为拉丁文。

［5］"体系"（Systemet）在此指的是克尔凯郭尔生活的时代特点。他的老师、丹麦神学家马藤森（H. L. Martensen）在他的一则文学评论中曾这样写道："这是勿庸置疑的，我们的时代……从本质上可以归结为思想的、理念的和理想的时代。……我们的时代不仅在严格的意义上说是哲学的、科学的体系的时代，而且还是宗教的、文艺的、政治的乃至工业的和贸易的体系的时代。普遍性已经成为一种被认同的力量，而任何一种具体的利益都将退居后台。"

［6］希腊历史学家普鲁塔克记载，索伦（Solon，公元前640—前560年）曾发布法令，称对公共事物和公共利益漠不关心的游手好闲者是可耻的。他的前任德拉康（Drakon）甚至于公元前624年在雅典颁布法律，判处游手好闲者死刑。

［7］阿基米德此言在本书中写做 nolite perturbare circulos meos，出自瓦勒里乌斯·马克西穆斯（Valerius Maximus）所著9卷本《奇闻逸事录》中的第8卷，原书写做 noli, obsecro, istum disturbare（我请求你们，不要打扰这个东西）。

［8］此处指发动马其顿战争的腓利二世（公元前382—前336年）。

［9］西诺卜的第欧根尼（Diogenes of Sinope，约公元前400—前325年），著名的希腊犬儒主义者，以其独特的生活方式、尖锐犀利而具有讽刺性的谈话而著称。他常常住在雅典的大街上、市场上、神庙中甚至一只木桶里。此处所引逸事见希腊作家琉善（Lucian，约公元前120—前80年）的记载。

［10］此典出自丹麦剧作家、黑格尔主义哲学家海伯格（J. L. Heiberg）的写于1825年的闹剧《所罗门王和制帽商扬》（Kong Salomon og Jørgen Hattemager）。剧中富有的男爵格尔德卡布（Goldkalb）从法兰克福到哥本哈根，哥本哈根的市民做好了充分的接待工作。而一个来自汉堡的与男爵同姓的破产犹太商人所罗门的衣服被偷，于是他索性穿起闪着银光的狂欢节服装、戴着睡帽扮做男爵，结果受到了哥本哈根市民的热烈欢迎。该剧剧名已成为一个固定的丹麦语短语，意为"真的有所差别"。

［11］"反唱"是将歌词从尾唱至头，此法常出现在希腊合唱中。所谓

"时代"、"纪元"的说法可能暗指黑格尔哲学带来的划时代的意义，以及力图"超越"黑格尔体系的努力。

［12］"非理性的狂喜"很可能指海伯格传记中所提到的"皈依"黑格尔哲学时的感受。"……突然，我前所未有地感觉到，我被一种瞬间的内心景象捕捉住了，它为我照亮了我思考的全部区域，唤醒了我身上至今仍掩蔽着的中心思想。从那时起，那个广阔的轮廓当中的体系对我而言变得清晰了，我完全被说服了，至少我理解了它的核心。说真的，那个奇妙的瞬间几乎是我生命中最为至关重大的时刻；它给予了我从未有过的一种安宁、安全和自我意识。"

［13］克尔凯郭尔的时代，位于哥本哈根北郊的皇家园林"鹿苑"（Dyrehave）于每年 6 月 24 日至 7 月 2 日对全体国民开放，其间会搭设很多帐篷和桌子，并有杂耍、歌舞、木偶等民间游艺活动。

克尔凯郭尔在这里使用的 slaa om 是一个双关语，一来指杂耍艺人所玩的那种头脚倒置的游戏，二来该词在丹麦语中被用来描述黑格尔哲学中正一反一合式的辩证发展历程中的第二步。

［14］腓德烈（Fredericia）是位于丹麦日德兰半岛的一个港市。研究者们未找到此处提及的"火警新闻"逸事的出处。

［15］"共同的利益"原文为拉丁文 communio bonorum。

［16］《哥林多前书》第 9 章第 13 节："你们岂不知为圣事劳碌的就吃殿中的物吗？伺候祭坛的就分领坛上的物吗？"

［17］柏拉图对话《克拉底鲁篇》中苏格拉底曾说："不过假如我曾听过普罗第科值 50 德拉克马的演讲的话，据他自己宣称，听过这演讲的人或许会从中受到教育，那么没有什么会阻止我立刻看到关于名望的真实情况。可是我只听过他值 1 个德拉克马的演讲，因此这方面的情况究竟如何我可是弄不明白的。"德拉克马是古希腊时期的银币。

［18］"向神请求"原文为拉丁文 per deos obsecro。

第一章　思想方案

命题

问题来自甚至不知是何原因

令他做如是追问的无知者

甲

真理是否可教?[1]我们将由这个问题开始。这是一个苏格拉底式的问题，或者说是由苏格拉底的问题演变而来。他曾问美德是否可教，因为美德曾一再被定义为知识（参《普罗泰戈拉》、《高尔吉亚》、《美诺》和《欧绪德谟》）。如果真理是可教的，它就必须被设定为"非存在"，于是乎，因为它是可教的，所以它是被人追寻到的。在此我们碰到了一个难题，即苏格拉底在《美诺》篇（80节结尾）中提醒读者注意到的那个"好斗的命题"[2]，也就是说，一个人不可能追寻他所知的，同样也不可能追寻他所不知的。他不能追寻他所知的，既然他已经知道了；他亦不能追寻他所不知的，因为他甚至不知道他应该去追寻什么。借助于这样一种思路，苏格拉底想通了这个难题，即：所有的学习和追问都只不过是回忆[3]，因此，无知者只需被提醒，以便依靠他自己回忆起他曾知道的。如此一来，真理并不是被带到他身内，而是本来就在他身内。苏格拉底继续发展了这个思想，结果那种希腊式的情致[4]在此得到了浓缩，因为这思想成为灵魂不朽的一个证据，请注意这是向后倒退的；或者成为灵魂在先存

第一章 思想方案

在的一个证据[5]。①

由此可以看到，苏格拉底在忠实于自身和艺术化地实现他本人所理解的东西这些方面带来了哪些神奇的后果。他曾是且将一直是一名助产士；这并非因为在他的身上"缺乏肯定的东西"②[6]，而是因为他将这一点视为人与人之间所能有的至上关系。在这方面他永远是正确的。虽然从来都存在着一个神圣的出发点，但是如果我们反思"绝对"而非与偶然性周旋，并且发自内心地自愿放弃去理解那个被视为是人类的欲念和体系的奥秘的"一半"的观念[7]的时候，则苏格拉底所说的人与人之间的关系仍然是真实的关系。苏格拉底是神亲自审定的助产士之一，他所完成的业绩是神的事业（参柏拉图《申辩》），尽管人们把他看成是个怪人[8]（《泰阿泰德》，第149节）。神的旨意是说——对此苏格拉底自己是理解的，神禁止他生产（"神让我为他人接生，可是却拒绝了让我生产"，《泰阿泰德》，第150节）[9]；因为在人与人之间为他人接生[10]是至上的关系，而生产则当归诸神。

从苏格拉底的角度出发，任何一个在时间当中的出发点，正因为如此，都是一个偶然的、消失着的点，一种偶因。一

---

① 假如绝对地思考这个思想，也就是说不去考虑在先存在的不同情况，那么可以看到，那种希腊式思想在古代的或现代的思辨当中再现了：永恒的创造；与父亲的永别；永远地成为神祇，永远的自我牺牲；已逝的复活；来自上方的审判。所有这些都是那个关于回忆的希腊思想，只是人们并没有都注意到这一点，因为他们当然是以超越的方式达到这个思想的。假如我们要区分在先存在的不同形态的话，则这一趋近性思维中诸多永恒的"先"与相应的趋近思维中诸多永恒的"后"是一样的。人们需要设定一个在先存在以便解释存在中的矛盾（借助某种先前的存在，个体达到了他目前的存在状态，否则其现状无法解说），或者需要设定一个来世存在（在另一个星球上个体上可以得到更好的安顿，由此观之，他目前的状态并非不可解说）。[11]

② 我们这个时代说"某人有着肯定的东西"[12]与一个多神论者轻视一神论的否定性的情形几乎是一样的。多神论者有很多个神，而一神论者仅有一个；哲学家们有很多种思想，每一种都在一定程度上为真；而苏格拉底只有一个思想，但它是绝对的。

9

位教师差不多也是这样，假如说他是以某种方式将他本人及其学识奉献出来的话，那么他并没有给予，而只是在拿走。这样一来他甚至算不得某人的朋友，更别提是教师了。可这正是苏格拉底思想的深刻之处，是其高贵的、彻底的人性，他没有徒劳无益地与那些聪明的头脑为武，而是自视与毛皮工匠联系得更紧密。这也就是他为什么很快就"确信物理学并非人类的学科，从而开始在作坊和广场宣讲伦理学"的原因（第欧根尼·拉尔修，II，5，21）；他与所有与他交谈的人绝对平等地讨论哲学，不管对方是谁。半心半意地，讨价还价地，带着坚执和放弃，在一定程度上一个人好像欠了另一个人些什么，但在一定程度上却又不是这么回事。带着那个模糊的词，它能够解释一切但却除了"究竟在哪种程度上"之外。带着所有这些东西，人们既没有超越苏格拉底，也没有达到启示的概念，而是停留在空谈之中。在苏格拉底看来，每个人自己就是中心，整个世界只以他为中心，因为人的自我认识是一种神的认识。苏格拉底就是这样理解自己的，他认为每个人也应该这样理解自身，并且以此去理解他与单一者的关系，带着同样的谦卑和骄傲。由此，苏格拉底拥有足够的勇气和冷静成为他自己，而在与他人的关系的问题上，他甚至对最愚蠢的人也只不过是一个偶因。噢，多么罕见的慷慨，在我们的时代真是少见，如今的牧师只比教堂执事大一点儿，任何他人都是权威，所有的差异和权威都在某种具有共性的疯狂中、或者说在同甘共苦[13]中被调和了[14]。在无人真正拥有权威、无人能够以此方式令他人受益、或者真正能够把被保护人[15]带走的情况下，别的方式反而会更成功。因为有一点是确定的，当一个傻瓜自己走开之时，他会带上其他很多人[16]。

假如在习得真理方面情况确实如此的话，那么我是向苏格拉底还是普罗弟科[17]还是某个女仆学习，这一点于我仅有历史的意义；或者假设我像那个处于迷狂之中的柏拉图[18]，则这种关系就是诗性的。那种迷狂，尽管很美，尽管我希望我本人以及所有他人都拥有"激情的倾向"[19]——只有斯多噶主义者会小心提防它，尽管我并没有以苏格拉底式的慷慨和苏格拉底式的自我弃绝来思考其虚无性；但是，这迷狂只不过是一种幻象，苏格拉底可能会说那是头脑的迷糊，其间世俗的差异性几乎是贪婪地膨胀着。对我来说，苏格拉底或者普罗弟科所教授的到底是什么，这一点除了能引起我的历史兴趣外别无他致，因为那个能使我获得安宁的真理本就在我身内，它将由我自己带出来，即便是苏格拉底也不能把它交给 我，就像车夫拉不动马匹所拉的重物一样，尽管他的鞭子可以帮助他达到这一目的。① 我与苏格拉底或普罗弟科的关系与我的永恒福祉无关，因为我的永恒福祉是在我掌握真理的进程中反向地给予我的，而这真理我从一开始即已拥有，只是我并不知道。假想我在来世遇到了苏格拉底或者普罗弟科或者那个女仆，他们中的任何一个都不过是偶因，正如苏格拉底无畏地说过的，即使在阴曹地府里他也只是发问[20]；因为关于发问的思想的终结点在于，被询问到的人原本即拥有真理，并且他是自己获得这真理的。时间的出发点是无，因为就在我发现我在不自知的情况下从来都拥有真理的那一瞬，那个瞬间已经被隐藏在永恒之中、被永恒吸收掉了，可以说我甚至都无法找到它，尽管我寻找过了，因为它既不在这里也不在那里，它只是"无所不在且

---

① 我从《克里托芬》中引的这一段只能被视为是一个第三者的言论，既然这篇对话被视为是伪作。克里托芬抱怨苏格拉底，认为在美德的问题上他只不过是在"鼓动"[21]，因此，从那一瞬起，苏格拉底已经充分地在普遍意义上推荐了美德，现在，他把每个人交给他自己。克里托芬认为，这种行为一定有其根据，要么苏格拉底并不知道更多的东西，要么他并不愿意多说。（参第410节）

11

又无处存在"[22]。

乙

假设事实并非如上所述，则时间中的瞬间就会具有决定性的意义，以至于我永远都无法将之忘却，因为那个尚未来临的永恒就在这一瞬间临现。下面我们将在此假设之下考察与"真理是否可教"这一问题相关的诸种情况。

1）先前的状态

我们从苏格拉底的难题开始，即人如何能够寻找到真理，既然无论人是否拥有真理，这一点都是不可能的。事实上苏格拉底式的思想取消了或此或彼的选择，因为从根本上说，每个人原本就拥有真理。这是苏格拉底的解释。我们已经看到了由此而生的与瞬间相关的结果。假如瞬间具有决定性的意义，那么追寻者在此之前并未获得真理，他甚至还没有处于无知的状态；否则，那个瞬间只不过是偶因的瞬间。实际上，他甚至连追寻者都算不上。这就是我们提出难题的方式，如果我们并不想用苏格拉底的方式来解释它的话。结果他应该被界定为身处真理之外（不是接近着真理，而是远离着真理，就像改宗者那样），或者被界定为谬误[23]。他就是谬误。但是，我们如何能够提醒他想起他并不知道的、因而也无法回忆起来的东西呢？或者说这样做有什么用呢？

2）教师

假如教师要成为提醒学生的偶因，那么他并不是帮助学生回忆起他原本知道真理这一事实，因为那学生实际上是谬误。教师能够成为学生去回忆的偶因就在于，学生是谬误。可是，通过回忆，学生恰恰被排除在真理之外，甚至超过了他对自己是谬误的无知。结果，教师恰恰通过提醒学生的方式而把学生从自己身边推开了；只是学生以转向自身的方式发现了他的谬误，而非发现他曾经知道真理的事实。就此种意识行为言，苏格拉底的原则是有效的：教师仅仅是一种偶因，不管他是何许人物，即使他是神。因为我自己的谬误只有我自己才能发现；只有当我发现它的时候，它才被发现，就算此前全世界都知道也不算数。（在关于瞬间的假设前提之下，这是唯一可与苏格拉底的原则相类比的原则。）

假如学生要掌握真理，那么教师应该把真理带给他；不仅如此，他还应该带给学生理解真理的条件。如果那个学生本人就是他理解真理的条件的话，则他只需要去回忆。因为有了理解真理的条件如同可以追问那个条件，在条件和问题之中包含着被限制之物和答案。（假如情况并非如此，则我们只能以苏格拉底的方式去理解瞬间。）

可是，不仅给予学生真理而且还给予他理解真理的条件的人并不是教师。教育取决于某个条件的最终出现；没有那个条件，教师则一无所能。但是还有另一种情况，在教师开始教导学生之前，他不是改造学生，而是对他进行再塑造[24]。但是这一点无人能够做到，假如这情形发生，它只能由神自己完成。

现在，假设学生出场了，他当然是被创造出来的，而且神还应该给予他理解真理的条件（否则，他先前只是动物，是那位带着条件而给予他真理的教师第一次把他变成了人）。可是，假如说瞬间具有决定性的意义（如果不假设这一点，我们只能停留在苏格拉底的立场上），那么他的在场是缺乏条件的，那条件实际上被剥夺了。这一点不可能因神而起（因为这是个矛盾），或者不可能因某种偶然而出现（因为低等存在战胜高等存在是一个矛盾)[25]，而只能因他自己而起。设若他能够以这样的方式丧失该条件，也就是说这一切并非因他而起；如果他不是因为自己而处于那种缺失状态的话，那么他只是偶然地获得了该条件，而这一点又是一个矛盾，因为事关真理的条件是一个本质条件。于是，谬误也就不仅仅是身处真理之外，它还是反对真理的，对此我们可以说，他自己曾经错失了那个条件，并且在继续失去它。

于是，这教师就是神，作为偶因他所起的作用便是提醒学生，他是谬误，而且是因自身的罪过。可是，我们该如何称呼这种身为谬误、且因自身罪过所致的状态呢？让我们称之为罪。[26]

这教师就是神，他给出了条件和真理。我们应当如何称呼这样一位教师呢？因为我们都会认可，我们早已超出了教师的定义。假如学生处于谬误之中且因自身缘故而致（根据前述，他不可能有别的方式），他看起来像是自由的，因为自由就是自己能够决定自身[27]。但是事实上他是不自由的、受束缚的、被排除在外的；因为不受真理限制也就是被排除在外，而因自身之故被排除在外就是被束缚。可是，既然他因自身而被束缚，那么他便不能为自己松绑，或者说不能自己解放自己。因为束缚我的东西应该能够解放我，只要它愿意的话；既然是自己束缚自己，他当然能够做到解放自己。当然，首先他本人必须愿意才行。现在假设，他从记忆的深处记起，那位教师作为他回忆的偶因（这一点永不能忘）使他回忆的东西；再假设他本人希望如此。在这种情况下（假如他愿意为之，他便能自己为之），他曾经受束缚的状态便成为一个过去的状态，这状态在解放的瞬间消失得无影无踪，瞬间并不会获得决定性的意义。他可能并不知道他一直在自己束缚自己，而现在又自己解放了自己。① 按照这个思路，瞬间并没有取得决定性的意义，不过这一点正是我们的假设。根据该假设，他无法解放自己。（事实的确如此；因为他把自由的力量服务于奴役，于是他自由地身处奴役之中，以此奴役的联合力量成长起来并且最终使他沦为罪的奴仆[28]。）

现在，我们该把这样一位教师称做什么呢？他既给予我们条件又给予我们真理。让我们称他为拯救者，因为他的确将学生从奴役状态之中拯救了出来，将他从自身中拯救了出来。让我们称他为解放者，因为他解放了那个自己俘虏自己的人，没有人会如此可怕地被囚禁着，也没有任何一种囚禁能像这种自我束缚一样不可挣脱！可这么说还远远不够，因为通过奴役他实际上是有罪

---

① 我们想放慢脚步，毕竟没有什么好着急的。有时走得太慢会使人无法接近目标，但有时太快又会晃过那个目标。在此我们要讲一点希腊哲学了。假如有一个小孩，他得到了一些零花钱，这钱刚好够买一本好书或者买件玩具，因为这两样东西的价格差不多。他买了玩具后，他还会有同样多的钱来买书吗？绝对不行，因为钱已经花掉了。可是他或许可以到书店老板那里去问问，他能否用玩具来换书。假设老板回答说："我亲爱的孩子，你的玩具已经没有任何价值了。的确，当时你手上有钱，你可以拿它来买书或者买玩具。可是对于玩具来说这是桩尴尬的事：一旦被买走，它的全部价值也就丧失了。"那个孩子或许会想：这可真够奇怪的。同样，人们一度可以用同样的代价买到自由或者奴役，那代价就是灵魂的自由选择或弃权。于是他选择了奴役。可是，假如现在他走到神的面前，问他是否能够将之与自由交换，回答肯定会是："毫无疑问，你以前能够买到你所希望的任何东西，可是奴役的奇特之处就在于，人们一旦买它到手，它便毫无价值了，尽管人们付出了同样高昂的代价。"我想知道那人会不会说：这可真奇怪。再比如说，两军对峙之际，有一位骑士，双方都诚邀他入伙，可是他选择了失败的那方并且做了战俘。作为战俘他被带到征服者的面前，他愚蠢得想按原先提供给他的条款来为征服者服务。我敢打赌那征服者会这样对他说："亲爱的朋友，你现在是我的俘虏。的确，你曾经可以做另一种选择，可现在一切都变了。"这难道不奇怪吗？假如事实并非如此，假如瞬间不具有决定性的意义，那么孩子终归买到了书，只是他不知道这一点而错误地认为他买走的是玩具；而那个战俘终究也可以在另一阵营作战，只是由于大雾的原因而没有被看见，他终归站在了他现在是其战俘的一方。"堕落者与有德者对其道德状况并无任何力量，但是在开始的时候他的确有力量成为这样或那样，就像一个人在把石头扔出去之前有力量控制石头，而把石头扔出去之后却不行了。"（亚里士多德）[29] 否则，扔石头之举就会变成一个幻象，那个投掷者把石头拿在手中，尽管做出了投掷的动作，可那石头却如同怀疑论者所说的"飞矢"一样，纹丝未动[30]。

的，而如果教师给了他条件和真理，则这教师就是一个和解者，他带走了笼罩在罪人身上的义愤。

这样的一位教师学生永不能忘；因为就在他忘却的那一瞬间，他会再次向自身沉潜，就像那个曾经拥有条件的人一样，他忘却了神的存在便会再次陷入奴役之中。假如他们在来世相遇，教师还会把条件给予一个以前未曾接受之的人，而对于那个曾经接受了条件的人来说，教师会变成另外一个人。条件实际上是一种信任，因此之故，接受者应该负起责任。可是我们该如何称呼这样一位教师呢？一位教师应该能够评估一个学生，看他是否有所进步，但是却不能评判他。一位教师应该具有苏格拉底的精神从而认识到，他无法给予学生本质性的东西。因此，这里所说的教师其实并不是教师，而是一位法官。[31]虽然学生最大限度地采纳了那个条件并因此沉浸在真理之中，他永远都无法忘记这位教师，或者让他如苏格拉底那样地消失。可就是后者实际上也远比那些不合时宜的小气和受挫的迷狂要深刻得多；而假如前者不是真理的话，它就是最高的真理。

现在来看看这个瞬间。这样的一个瞬间有其独特性。如同所有的瞬间，它是短暂的、片刻性的、稍纵即逝的；如同所有的瞬间，在下一个瞬间来临之际，它已经逝去了。可是，这个瞬间又是决定性的，而且它被永恒所充满。这样的一个瞬间应当有个独特的名称，让我们称之为时候满足[32]。

3) 弟子

当弟子是谬误（否则我们将会返回到苏格拉底的立场）但又同时是一个人的时候，此时他获得了条件和真理，那么他并不是首次才变成人，因为他本来就是人；我们说他变成了另外的一个人，不是在戏谑的意义上所说的什么跟以前同质的另外一个人，而是变成了一个异质的人，或者应该说，他变成了一个

第一章　思想方案

新人。

假如他是谬误，实际上他就是在不断地远离真理；而就在他接受条件的那一瞬间，他走上了一个相反的方向，或者说他掉转了方向。让我们把这种变化称之为转变，尽管这是一个目前尚未被采用的词。可这恰恰是我们选择它的原因，为了使我们不受干扰。说真的，这词就像是为了我们所讨论的那种变化而造似的。

假如他因自身的罪过而陷入谬误之中，那么在谬误尚未进入他的意识，或者说他未曾意识到他是因自身的罪过而身陷谬误的时候，这种转变是不会发生的。只有带着这种意识，他才与过去挥手告别。可是，人们何以能无忧地与过去告别呢？这忧[33]正是因为他长期身处先前的那种状态而生。让我们把这忧称做悔悟；因为那种向后看的东西就是悔悟，而且正因为如此，悔悟才会加快步伐向它前面的东西跑去[34]！

假如他曾处于谬误之中，后来他带着条件接受了真理，在他的身上必定发生了某种变化，就像从"非存在"到"存在"一样。可是那种从"非存在"到"存在"的变化是出生式的变化。已经存在了的人是不能被生出来的，可是他却被生了出来。[35]让我们把这种转变称作重生，[36]以此方式他第二次来到这个世界，就像他刚出生时一样。独自一人，他对那个他降生其间的世界还一无所知，不知道这世上是否有人居住，是否有他人存在。人们可以给一批人行洗礼，但却永无可能让一批人再生。就像那个借助苏格拉底的助产术出生的人一样，他因为这个原因忘掉了世上的一切，在深层的意义上他并不欠任何人任何东西。同样的，再生者也不欠任何人任何东西，但是他却欠了那位神性的教师一切；他还应该像那个因自身而忘记整个世界的人一样，因那位教师而忘却自己。

如果瞬间要具有决定性的意义，没有这一点我们将返回苏格拉底的立场，不管我们说了些什么，尽管我们用了很多奇特的字眼，尽管我们在未能理解自身的情况下自认早已超越了那个单纯的智者[37]，他曾坚决地把神、人和他本人区分了开来，比米诺斯、艾楚斯和剌达曼提更坚决[38]；那么，裂痕显现了，人们无法返回到从前，也不能因要去回忆那记忆所带给他的东西而感到高兴，更不用说他能以自身的力量再次把神拉到自己这边。

―――――

可是，这里展开的问题是可思考的吗？我们不急于给出答案。那些因反思的繁复而无法得出结论的人并不是唯一的，还有一类人也给不出答案，他们在回答问题时表现出了惊人的速度，但却在能够解释那个难题之前没有足够的徐缓反复思考之。在做出回答之前我们首先要问，究竟该由谁来回答这个问题。一个事关出生的问题是可思考的吗？当然可以，为什么不行呢？可是究竟该由谁去思考这问题，是那些已经出生了的人，还是尚未出生的人？说是后一类人是不可思议的，人们做梦都想不到这一点；而已经出生了的人也绝无可能生出这样的念头。当一个已出生的人思考其出生之时，实际上他所思考的是从"非存在"到"存在"的转变。重生的情况亦然。或者，说什么重生之前的"非存在"要比出生之前的"非存在"包含更多的"存在"，这会把我们在此讨论的问题弄得更加困难。可是究竟该由谁来思考这个问题呢？当然是重生者，因为让未重生者去思考此事简直不可思议，而若说未重生者竟会生出这样的念头，那真是荒谬绝伦了。

―――――

假如某君最初曾经拥有理解真理的条件，那么他会思考，神是存在的，由此他自己也存在。假如他身处谬误之中，他就该自己思考这一点，否则即便是回忆也帮不了他。至于他是否该超越这一点，则当由那个瞬间决定（尽管瞬间已经很有成效地让他认识到，他就是谬误）。若不理解这一点，他将返回到苏格拉底的立场，尽管他自认的对于苏格拉底的超越会给那个智慧的人带来很多麻烦，就像以前那些人一样，当苏格拉底从他们身上去掉一个又一个愚蠢论调的时候[39]，他们愤怒得想去咬苏格拉底一口（参《泰阿泰德》，第151节）。

在这一瞬间，人们意识到自己出生了；而他将不再与之发生关联的此前的状态则是"非存在"。在这一瞬间，他意识到了自己的重生；因为他以前的状态其实就是"非存在"。假如他此前的状态是"已然存在"，那么如前所述，这个瞬间对他来说绝无决定性的意义。希腊式的情致集中在回忆之上，而我们的方案则集中在瞬间之上。这倒也不奇怪，从"非存在"到"存在"，这难道不是一桩最具激情的事情吗？

* * * * *

看，这就是我的方案！可是或许有人会说："这是所有方案当中最可笑的一个，或者更准确地说，你是所有那些惯于编造无用且无法实施的思想方案的大师[40]当中最可笑的一位。就算有人提出了一个愚蠢的方案，可总还有一点是确凿无疑的，也就是说，这方案是他自己设计的。而你呢，却像个流浪汉，用展示一块所有人都看得到的田产的方式来赚钱；或者像这么一人，他下午的时候收费展示一只公羊，可人们在上午却可以不花一分一文看到那只羊在田野上吃草。"

"也许吧，真不好意思。如果我现在显得非常可笑，那就让我用一个新的方案来弥补一下吧。火药已被发明了好多世纪了[41]，因此，如果我假装火药是我发明的，那可够荒唐的。可

19

是，如果我推断说火药为某君所发明，这是否也同样荒唐呢？好吧，现在我要很客气地假设说，客气得远远超出你的预想，是你最先想出了这个方案。假如你否认了这一点，你是否会同样否定，是别的什么人想出了它，我是说是某个人呢？这样一来我几乎跟所有其他人一样有可能想出这个方案。于是，你不会生我的气，因为我把属于别人的东西硬说成是我自己的，你生了我的气是因为我把本不属于人的东西硬说成是我自己的，而如果我撒谎把这项发明归诸你名下，你也会同样生气的。这难道不奇怪吗，竟然有这样的事情存在，每个了解此事的人都明白他并没有发明它，可那种'到下一家去'[42]的游戏却没有停止而且也不可能停止，哪怕一个人走向所有人？不过这种奇特性使我着了魔，因为它测试出了那个假说的正确性并且证明了它。要求人靠自己的力量去发现他'非存在'这一点是荒谬的，而那个转换却恰恰是重生中的从'非存在'到'存在'的转换。至于他是否在此之后理解了这一论点，这倒没有任何关系，因为人们懂得使用火药，知道如何分解它的成分，这些都不意味着他们发明了火药。总之，你就只生我的气好了，也可以生所有那些假装想出了这个方案的人的气，但正因为如此，你就不必生这个思想的气了。"

注释

[1] "真理是否可教"原文为 Hvorvidt kan Sandheden læres。丹麦语中 lære 同时有"教"和"学"（尤其指自学）的意思，这里将之译成"可教"是因为这是一个苏格拉底的问题。苏格拉底在《美诺》篇中讨论的是"德性是可教还是不可教"的问题（87b）。丹麦语中 lære 的意思非常之好，它把"可教"与"可学"之间的相通性完全地表达了出来。

[2] "好斗的命题"（stridslysten Sætning）是对希腊词 ἐριστικόν λόγον 的直译。在现行的柏拉图著作丹麦语译本中，该词被译为 rene Ordkløverier，意即"纯粹的诡辩"。克尔凯郭尔很可能采用的是施莱尔马

赫的译法 jenem streitsüchtigen Saz。

［3］见《美诺》篇 81d。

［4］"情致"原文为 Pathos。这个词的译法遵从朱光潜先生。在黑格尔《美学》第一卷中的一则脚注中朱先生写道："πάθος，希腊文（Pathos），本意有'忍受'、'怜悯'或'恻隐'的意思，Passion（情欲）是从这个字来的，但是意义变了。Pathos 与古汉语中'情致'相近，这在中国过去诗文评论里也是习用的字眼。"（参黑格尔：《美学》第一卷，商务印书馆1991年，第295页注②。）"情致"一词虽然略显生僻，但它包含了"情趣"、"性情"、"志趣"、"兴致"这些意思在内，不仅古雅，而且在论及诸如"希腊式的情致"之时意思更为贴切。

［5］苏格拉底关于灵魂不朽的思想见《美诺》篇 81c 及 86b。

［6］"缺乏肯定的东西"不是直接引文，而是克尔凯郭尔时代的一个哲学术语，泛指对一种不完美的立场的批判。在《论反讽概念》中，克尔凯郭尔即写到苏格拉底"缺乏肯定的东西"。

［7］关于"人类的欲念和体系的奥秘的'一半'"的思想很可能首先指柏拉图对话《会饮》篇所讲述的希腊神话。宙斯为了削弱人对神的反抗力量把人截成两半，因此每个人都只是人的一半，他要去寻找自己的另一半以便成为完整的人。人的爱欲和对于整体的需求即来源于此。参《柏拉图文艺对话录》，朱光潜译，人民文学出版社1997年，第238至242页。

黑格尔在《精神现象学》中谈到"自我意识"及其发展的时候，发展并转化了这种"欲望"和"一半"的思想。黑格尔指出："就意欲的对象——生命来说，否定或者是来自一个对方，亦即出于欲望，或者是以一个特殊形式与另外一个不相干的形态相反对，或者是以生命的无机的普遍本性的形式来否定生命。……自我意识只有在一个别的自我意识里才获得它的满足。"参黑格尔《精神现象学》上卷，贺麟、王玖兴译，商务印书馆1997年，第121页。

［8］原文在"怪人"（Særling）之后附有希腊词 ατοπωτατος。

［9］括号内的引文原文写为希腊文：μαιενεσθαι με ό θεος αναγκαζει, γεννᾶν δε απεκωλυσεν。

［10］"接生"原文为希腊文 μαιενεσθαι。

〔11〕克尔凯郭尔曾在《哲学片断》的誊写稿中这样写道："人们需要通过设定一个在先存在的办法来解释生存中的矛盾（亚历山大里亚学派）；人们通过某种来世存在来解释生存中的矛盾（星球间的迁移）。"这里所说的"亚历山大里亚学派"指的是公元2世纪的神学思想倾向；而所谓"在另一个星球上"、"星球间的迁移"的说法可能指克尔凯郭尔生活时代中所展开的关于在另一个星球上生活的争论，海伯格和马腾森的文章中都有此用法。

〔12〕"肯定的东西"一方面可能指黑格尔哲学的概念，另一方面可能指谢林的观念。谢林在"启示哲学"的演讲中把自己的哲学称做"肯定的"哲学，而把前此的哲学思想，比如黑格尔哲学，称为"否定的"哲学。克尔凯郭尔曾于1841至1842年冬天在柏林聆听了谢林的部分演讲。

〔13〕"同甘共苦"原为拉丁文 commune naufragium，取自 Commune naufragium dulce（est），直译为"一起遭遇海难是甜蜜的"，故译为"同甘共苦"。

〔14〕"调和"（mediere）是丹麦黑格尔主义者所使用的词汇，对应于黑格尔哲学中的概念 Vermittlung。

〔15〕"被保护人"（Client）指需要一个地位较高且有权势的人保护的人。罗马时代，非罗马居民没有公民权，因而不能享受公民权益，不受罗马法律的保护。但是如果他们与罗马公民建立关系并接受其保护的话（此人称为 Patron），他们就能享受罗马法律的保护。假如"被保护人"有了官司，"保护人"当在法庭上为其辩护。Client 一词后来在英语和丹麦语中都指委托律师进行法律诉讼的"客户"。

〔16〕此语源自丹麦语短语 Narren går og tager en med sig。这是一种流行的纸牌游戏，其中每张牌的价值由上面的图案（比如，龙、马、猫、房子、傻子等）和数字（12—0）来决定。游戏者按顺序抽牌，依规则他们可与邻座同伴交换。交换结束时所有人亮牌，得分最低的将丢掉一分，而如果谁手中有张"傻子"（Nar），那个得分最低的人则将因之再丢一分。

〔17〕普罗弟科（Prodikus），希腊智者和著名的雄辩术教师，苏格拉底的老师之一。根据色诺芬的回忆，苏格拉底把关于"歧路上的赫尔托斯的神话"归之于他。

第一章　思想方案

［18］柏拉图的"迷狂"很可能指诗人创作时的那种失去平常理智的状态。参见朱光潜所译《柏拉图文艺对话集》，人民文学出版社1997年，第8页。

［19］"激情的倾向"原文为希腊文 eukataphoria eis páthos。

［20］在《申辩篇》中，当苏格拉底被陪审团判处有罪之后，他前瞻了自己在另一个世界中的命运，表现出了对死亡的无畏，以及不知"是否死后更幸福"的观点。

［21］"鼓动"在原文中除了用丹麦文 opmuntrende 表示外，还在其后附有希腊文。

［22］"无所不在且又无处存在"原文为拉丁文 ubique et nusquam。

［23］"谬误"原文为 Usandhed，英译为 untruth。该词在知识论的层面上指"谬误"，与"真理"相对；而在伦理层面上则有"不老实"的意思。这里取其与"真理"相对立的意思权且译为"谬误"，不过需要留意的是，基督教语境中的"真理"不能在知识论的层面上、而应在伦理的层面上加以理解和把握。这个意思在《约翰福音》14：6 中表达得最为清楚。耶稣说："我就是道路、真理、生命；若不借着我，没有人能到父那里去。"

［24］"改造"原文为 omdanne，有"再—教育"、"再—训化"的意思；而"再塑造"原文为 omskabe，即"再—创造"。

［25］此处可能指奥古斯丁的观点。奥古斯丁设定了存在的等级，并且认为邪恶的根源在于意志的邪恶，在于远离上帝的至高无上的存在而转向自身相对低下的存在，因此，邪恶的意志剥夺了人身上的善。参《上帝之城》，XII，6-8。

［26］"罪过"原文为 Skyld（英文 Guilt），"罪"原文为 Synd（英文 Sin）。文中所有的楷体字对应于原文中的斜体字，以示强调，以下不一一注出。

［27］"自由就是自己能够决定自身"（være hos sig selv, det er jo Frihed）此句明显出自黑格尔。在《哲学全书》中黑格尔曾写道："Freiheit ist eben dieβ, in seinem Andern bei sich selbst zu seyn…Freiheit ist nur da, wo kein Anderes für nich ist, das ich micht selbst bin"。

［28］语出《约翰福音》第8章第34节。耶稣说："我实实在在地告

诉你们，所有犯罪的就是罪的奴仆。"

[29] 这段话是克尔凯郭尔是从其老师 Poul Martin Møller 的著作《古代哲学史讲演大纲》中摘录的，它取自亚里士多德《尼各马科伦理学》第 3 卷第 5 章 (1114a)。在该书汉译本中符合此意的原话是这样说的："但错过了机会，正如一块扔出去的石头不能再拉回来一样。但把石头拾起来还是扔出去由于自己，开始之点是在人们自身之内。那不公正之人和放荡之辈也是如此。在开始，他们本来可以不成为这等模样，然而既然他们自愿，也就无力加以改变了。"参《尼各马科伦理学》（修订本），苗力田译，中国社会科学出版社，1999 年，第 56 页。

[30] "飞矢不动"为希腊怀疑论者芝诺为了反对运动的现实性所提出的著名命题之一。

[31] 这一部分的楷体字（原文为斜体）"救世主"（Frelser）、"解放者"（Forløser）、"和解者"（Forsoner）和"法官"（Dommer）均为《新约》中用来描述耶稣的词汇。

[32] "时候满足"（Tidens Fylde）典出《加拉太书》第 4 章第 4 节，"及到时候满足，神就差遣他的儿子。"

[33] "忧"原文为 Sorg，英译为 Sorrow。"忧"的意思取自《诗经·王风·黍离》中的诗句："知我者，谓我心忧；不知我者，谓我何求！悠悠苍天，此何人哉?!"

[34] 此处引申自《腓立比书》第 3 章第 14 节中保罗的话："我只有一件事，就是忘记背后，努力面前的，向着标竿直跑……"

[35] 语出《约翰福音》第 3 章第 3 至 7 节。耶稣对法利赛人尼哥德慕说："我实实在在的告诉你，人若不重生，就不能见神的国。"而尼哥德慕说："人已经老了，如何能重生呢？岂能再进母腹生出来吗？"耶稣说："我实实在在的告诉你，人若不是从水和圣灵生的，就不能进神的国。从肉身生的就是肉身；从灵生的就是灵。"

[36] 这一部分的楷体字"新（人）"（nyt ⟨Menneske⟩）、"转变"（Omvendelse）、"悔悟"（Anger）和"重生"（Gjenfødelsen）均为《新约》中广泛使用的词汇，亦为基督教救世论术语。

[37] "那个单纯的智者"（hiin eenfoldige Vise）指苏格拉底。

［38］在希腊神话中，克里特国王米诺斯（Minos）及其兄弟剌达曼提（Rhadamantus）以及宙斯的儿子艾楚斯（Æachus）负责在阴间根据人们的事功评判死者。在《申辩篇》当中，苏格拉底称他们为"真正的法官"。

［39］原文在此句后用括号附有句意的希腊文 $\varepsilon\pi\varepsilon\iota\delta\alpha\nu\ \tau\iota\nu\alpha\ \lambda\eta\rho o\nu\ \alpha\upsilon\tau\omega\nu\ \alpha\varphi\alpha\iota\rho\omega\mu\alpha\iota$。

［40］"惯于编造无用且无法实施之思想方案的大师"（Projektmagere）语出贺伯格以拉丁文写作的《尼尔斯·克里姆的地下旅行》（*Niels Klims Underjordiske Reise*）一书。

［41］此句源于丹麦谚语 Han har så vist ikke opfundet krudtet，即"他并没有发明火药"，指人创造性不大。

［42］"到下一家去"（Huus-forbi）是流行牌戏中的术语。参注［16］。

第二章　神：教师和拯救者

（一个诗的尝试）

让我们简要地看看苏格拉底，他也是一位教师。他在确定的生活环境当中出生，在他所隶属的人民中受教育，成年后他感觉到了一种召唤和冲动，之后便开始以自己的方式教育他人。在作为苏格拉底生活了一段时间后，当时机成熟之时，他便以教师苏格拉底的面貌出场了。他本人受到了环境的影响，反过来他也干预了环境。在成就了自己的事业之时，他既满足了他身内的要求，又满足了他人可能对他提出的要求。在此理解之下，这其实就是苏格拉底式的理解，教师被置于一种互惠关系之中，因为生活和环境是他成为教师的偶因，而他又成为他人学习的偶因。因此，他所受的影响与他对他人的影响一样多。苏格拉底就是这样认为的，因此他不愿为他的教学活动接受荣誉、荣誉职位或者钱财[1]，因为他做出评判时就像一个已经离世的人那样不偏不倚。噢，罕见的知足感，在我们的时代真是罕见，如今金钱和桂冠都不足以回报教育的荣耀，但是人们确实在用世界上所有的黄金和荣誉来支付教育费用，因为它们是等值的。不过，我们的时代毕竟有着"肯定的东西"，而且也是这方面的行家；相反苏格拉底则缺少了"肯定的东西"。我们来看这个匮乏能否解释他的狭隘性，这狭隘性的根源很可能在于，苏格拉底对人性充满热情，他带着那种神的嫉妒[2]来约束自己和他人，并且在这嫉妒之中去爱神。在人与人之间这是至上的关系了：学生是教师理解自身的

第二章 神：教师和拯救者

偶因，而教师又是学生理解自身的偶因。教师死后没有给学生的灵魂留下任何要求，学生也不能宣称教师欠了他些什么。假如我像那个迷狂中的柏拉图，假如我一听到苏格拉底的讲话，心就会像亚尔西巴德一样狂跳，比科里班特们跳得更激烈[3]；如果我不去拥抱那圣人，我因崇拜而生的狂热就不会平息[4]。苏格拉底很可能会微笑着对我说："亲爱的朋友，事实上你是个不忠实的恋人，你崇拜我是因为我的智慧，你本人想成为最了解我的人，想成为那个我无法挣脱其因崇拜而生的拥抱的人，你难道不是一个诱惑者吗？"假如我不愿理解他，当他为我详解他欠我的跟我欠他的一样多的道理的时候，他那冷酷的反讽将把我置于绝望之境。噢，罕见的诚实，它不欺骗任何人，甚至是那把自身的幸福建立在受骗之上的人。这在我们的时代真是罕见，如今，所有的人都超越了苏格拉底，在评估自身方面，在使学生受益方面，在交往时多情善感，在因崇拜而生的狂热的挤压中找到一种欲望！噢，罕见的忠诚，它不引诱任何人，甚至不去诱惑那为了被引诱而使尽全部引诱之术的人！

但是，神不需要任何门徒以理解自身，因此没有任何原因能够作用于他，原因无异于决断。究竟什么能使他出场呢？他应该自己推动自己并且保持亚里士多德所说的那种"不动的推动者"[5]的状态。既然是自己推动自己，那么使他动起来的就不是那种因无法忍受沉默而非爆发不可的内驱力。而既然他自己推动自己不是因为内驱力，那么推动他的就不是别的，而是爱；因为爱恰恰不能在身外而只能在身内才能满足这个内驱力。他的决断与偶因没有构成一种平等的互惠关系，他的决断应该来自永恒，尽管这决断因在时间之中完成而成为了瞬间。因此，在偶因与其结果完全呼应的情况下，就像旷野中对呼唤的回答一样[6]，瞬间不会显现自身，回忆永远地将之吞没了。实际上，瞬间是经由永恒的决断与偶因之间不对等的关系而出场的。假如事实并非如此，我们将返回到苏格拉底的立场，那样我们既得不到神，也得不到那个永恒的决断，更得不到瞬间。

于是，神出于爱应该永远地做出决断。就像爱是他的行动根据一样，爱也应该是他的目的。若说神的行动根据与其目的不相称，这无疑是一个矛盾。神之爱当是对学生的爱，其目的就是去赢得他。只有在爱中，有所差别者才能平等，而只有在平等或者统一之中才会有理解；若无此完美的理解，这教师也就不是神，除非我们从学生身上寻找根源，他不愿意拥有对其已是可能的东西。

不过这爱在根本上是不幸的，因为二者之间极不平等。神应该能够使自己被理解，这一点看起来很容易，但实际上却不是这么回事，如果他不去消除那种差别的话。

我们不想着急，尽管有人认为我们浪费了时间而没有得出结论，但这尚不能说我们是在白费力气，这就是对我们的安慰。

关于不幸的爱情世间谈论得很多，每个人都知道这个词的意思：相爱的双方无法相互拥有；而原因呢，则可能有很多。我们要讨论的是另外一种不幸的爱情，尘世间没有任何一种情形能够与之相提并论，不过我们还是要暂时不甚准确地设想出一个尘世的场景。此处的不幸不在于相爱的双方无法相互拥有，而在于他们无法相互理解。这种忧比人们所谈论的忧要深沉悠远；因为这一不幸瞄准了沐于爱中的心，为永恒而受伤，它不同于那种仅仅击中外在和现世事物的不幸。对于那些情操高尚的人来说，后者不过是对无法在此世相互拥有的恋人的一种戏弄。那种无限深沉的忧本质上隶属于精神世界的优越者，因为只有他才能理解那种误解。本质上它只能隶属于神，因为没有任何一种人的处境能够与之相比，尽管我们在此设想了这样一种情境，为的是惊醒我们的心以便理解神。

设想一位国王爱上了一个地位低下的女子。当我们的读者听到这个童话般的、毫不系统的开头的时候，他们可能已经失去耐心了。那个博学的波罗斯会多无聊呵，苏格拉底总是在谈论食物、美酒、医生等诸如此类的他从不涉及的凡俗之乐（参见《高尔吉亚》）[7]。可是，这难道不是苏格拉底的优势吗，他和其他人从孩童时代起就掌握了一些必要的先决知识。这难道不正合我意吗，我只驻足于食物和美酒，而这一点已远远超出了我的能力。我甚至不需要把国王们拉进来，他们的想法不总是跟其他人一样，因为它们毕竟是王者的想法。难道我不该被原谅吗，我只是个诗人，我记起了地米斯托克利美丽的言辞：我想展开话语的地毯，不让上面的精工因被卷起而不得显现[8]。那么我们设想，从前有位国王爱上了一个地位低下的女子。国王的心丝毫没有受到那种聒噪之极的智慧的玷污，对于理智为了捕获人心而发明出的难题一无所知，也不了解给予了诗人足够的空间以使其魔术戏法成为必然的那些东西。他的决断很容易实施，因为所有的政客都怕他发怒，他们甚至不敢做任何暗示；其他国家则畏惧他的威力而不敢不派使节送去婚礼的祝福；为了不掉脑袋，没有一个拜倒在他面前的朝臣敢去刺伤他的感情。于是，就让竖琴奏起美妙的音乐，让诗人唱起他的赞歌，让一切像节日一样喜庆，爱情在庆祝它的胜利。当爱情使平等的双方结合在一起的时候，这爱情是喜气洋洋的；但是当爱情使不平等的双方变得平等的时候，这爱情则是大获全胜的。

接下来，一种忧虑在国王心中惊醒了。除了思想高贵的国王外谁还会梦到这种事呢？这忧虑他没跟任何人讲起，因为假如他这么做的话，相信所有的朝臣都会对他说："尊敬的陛下，您对那女子做了件大好事，为此她将感激您一生呢！"这朝臣很可能会激怒国王，他会因冒犯国王的所爱而以犯上罪被处死。可这样一来，另一种忧在国王的心中油然升起。孤独地，这忧在他的心中激荡：那女子是否会因此幸福，是否会赢得坦然自信而不再记起国王很想忘掉的事实——他是国王，而她曾是一个地位低下的女子。假如这一切发生了，记忆醒来，有时它会像一个受宠的对手那样把她的心思从国王身边引开，将之引诱到隐秘的忧之缄默中；或者有时记忆会像死亡掠过坟墓一样与她的灵魂擦肩而过[9]。那么，什么才是爱情的辉煌呢？她肯定会更幸福，假如她一直默默无闻地为一个与她地位对等的人所爱，在破旧的小屋里节俭度日，但是从早到晚，她都会坦然自信地沐于爱之中，轻松而快活。这忧是何等的丰盈，就像成熟的果实，几乎因沉重而低下头，只等待着收获季节的来临，当此之时，国王的思想将把所有忧虑的种子播撒出去。即使那女子可以满足于什么也不是的状态，可国王却不会满意，而这恰恰因为他爱这个女子，因为对于他来说，成为那女子的恩主比失去她更困难。更有甚者，假如那女子至今甚至还无法理解他——当我们不恰当地谈论人事的时候，我们只能假设某种精神上的差别的存在，它将使理解变得不可能。沉睡在这不幸的爱情之中的忧是多么的深沉，谁又敢去惊醒它呢？不过，一个人不会受这种忧所折磨，若有，我们将把他引荐给苏格拉底，或者引荐给那些在一种更美好的意义上能够使不平等变得平等的人。

假如瞬间将具有决定性的意义（没有这一点，我们将返回到苏格拉底的立场上，尽管我们意在超越），学生就处于谬误之中，且因他自身的罪过。但是他是神爱的对象，神想成为他的教师，而且神所关切的是使平等出场。假如平等不能出场，这爱将是不幸的，而教育也毫无意义，因为他们彼此不能相互理解。人们可能会认为，对神来说这一点无关紧要，因为他并不需要学生。可是人们忘了，或者更准确地说，唉，人们显示出他们有多不理解他；人们忘了，神是爱学生的。正如王者之忧只能在王者的灵魂中才能找到，很多人类的语言根本就没有提到过那种忧，也就是说人类的语言自爱到不愿感受这类忧的地步。而这正是神将那种不可测度的忧留给自己的原因。他知道，他可以把学生从身边推开，他并不需要学生，学生将因自身的罪过而沉沦，他可以任其下沉。他还知道，让学生树立起坦然自信几乎是不可能的，而若无坦然自信，理解和平等将不存在，爱将是不幸的。对这种忧毫无知觉的人，其灵魂是贫瘠的，就像一种小硬币，它既没有该撒的像，也没有神的像[10]。

于是任务确定了，我们要去邀请一位诗人，假如他恰好没有受邀别处；假如他并不是那种诗人，也就是说，如果快乐最终降临，他将会与吹笛者以及其他吵闹之辈一起从忧的世界中被驱逐出去[11]。这位诗人的任务是去寻找一种解决办法，一个统一点，那里存在着基于爱的真正的理解，那里神的忧虑将驱赶痛苦。因为那是一种不可测度的爱，它不会满足于爱的对象或许愚蠢地自认自己幸福地拥有的东西。

甲，统一性以提升的方式出场。神将把学生提高到与自己同等的高度，使其荣耀，并用千年般的喜悦款待他（因为一千年于他就像是一天）[12]，让他在快乐的漩涡中忘掉那种误解。不错，那学生极可能因此而自视自己是幸福的。这难道不荣耀吗，神的目光落在他身上，突然间他获得了成功，就像那个地位低下的女子一样。这难道不荣耀吗，他得到了帮助，把一切视为是徒劳的、为自己的心所欺骗的东西！可是那位高贵的国王已经看穿了那个难点——他看人是内行，他看到那女子实际上是被欺骗了。最糟糕的是，人们自己毫无察觉，但却受到了外表的迷惑。

统一性可以这样出场：神向学生显现自身，接受学生的膜拜，让他因此而忘记自身。同样的，那位国王可以用这种方式向那个地位低下的女子展示自己的风采——他让壮丽的太阳升到她的小屋上方，照耀到那块他向那女子展示自己的地方，让她在崇拜中忘掉自身。唉，这样也许会使那女子满意，但国王却不会满意；他要的不是他自己的荣耀，而是那女子的。因此，他的忧如此深重，那女子并不理解他；但若要欺骗那女子，则他的忧更为深重。在他的眼中，无法将他的爱完美地表达出来，这一点本身就是一种欺骗，尽管无人理解他，尽管责备试图折磨他的灵魂。

沿着这条道路的爱是不幸的，或许学生和女子的爱看起来是幸福的，而教师和国王的则不是；对于后者而言，任何假象都无法使其信服。于是神乐于将百合花装点得比所罗门更有光彩[13]，可是假如理解在此是可能的话，那么百合花将处于一种可悲的幻象之中，它看到了光彩的外表，以为自己就是被爱的一方。百合花轻松快活地立于草地上，与风嬉戏，像微风一样无忧无虑；但它很可能会变得憔悴，并且不再坦然自信地昂起头。神的忧虑正在于此：百合的枝叶是纤细的，它很快就会被折断。可是假如瞬间将具有决定性意义的话，他的忧虑会变得不可言说。曾经有个对神十分了解的民族，他们认为，看到神就意味着死亡[14]。

谁人能解这忧的矛盾呢？不显现自身意味着爱的死亡，而显现自身又意味着被爱者的死亡！噢，人心追求的常常是权力，他们的思想不停地奔向那里，仿佛那样一来一切都会清晰可解，但他们却没有意识到，天堂里不仅有喜，而且还有忧。这是何等深重的忧呵，必须拒绝那个学生用其全部灵魂所追求的东西，而拒绝他这一点的原因恰恰在于学生是被爱者。

乙，于是统一性应该以另一种方式出场。在此我们将再次提到苏格拉底，因为他所谓的无知不是别的，而是对学生的爱的一种具有统一性的表述。正如我们所知，这统一性就是真理。假如瞬间具有决定性意义的话，那么这一点就算不得真理了，因为学生的一切都应归功于教师。按苏格拉底的思路，假如学生确信他真的欠了教师些什么，而不是说教师只是为他提供帮助以使他成为他自己，那么这种教师的爱就只是欺骗性的。因此，当神想成

第二章　神：教师和拯救者

为一位教师的时候，神之爱就不仅仅是一种帮助，而且是一种出生的力量，以此方式他使学生出世；或者如前述的是一种"重生"，我们用这个词来描述那种从"非存在"到"存在"的转变。于是，真实的情况就成了这样，学生把一切都归功于教师。可是正是这一点使理解变得十分困难：学生变得一无所是，但却并未被彻底磨灭；他的一切都归功于教师，但他却由此变得坦然自信；他掌握了真理，而真理使他获得了自由[15]；他找到了谬误的原因，因此坦然自信再次在真理之中获胜。在人与人之间提供帮助是至高无上的，而使人出生则为神所保留，神之爱是出生的，但它不同于苏格拉底所知道的在某个欢宴的场合下用动听的言辞所描述出的那种生产着的爱[16]。苏格拉底所描述的爱其实并不是教师与学生的关系，而是一个自学者与美的事物之间的关系。他远离了美的多样性，专注于美本身，许多优美崇高的话语和思想产生了，"于是孕育无量数的优美崇高的道理，得到丰富的哲学收获"。（《会饮》，210d）[17] 在此有一点是正确的，他把那些早已在内心当中蕴含的东西生产出来了（《会饮》，209c）。于是，条件就在他身内，那种生产（即出生）只是把已经存在的东西带出来而已，这也就是为什么出生的瞬间立刻就被回忆所吞噬的原因。对于一个以渐渐死去的方式被生出来的人来说有一点是清楚的，他不是渐渐被生出来，他只不过是越来越清晰地被提醒说，他存在着。而一个生产出许多优美话语的人，那些言辞其实并非出自他手，他只是让其体内的美的事物自己流露了出来。

假如统一性没有通过上升的方式出场，那么就该试试下降的方法。现在假设学生为 X，在 X 的身上应该包含着最低下的部分。苏格拉底并不只是跟聪明的头脑为伍，神又何尝去做等级分别呢！为了使统一性出场，神必须与其他人平起平坐，因此他将像最低下的人一样显现自身。而最低下的人就是服务他人的人，也就是说，神将以仆人的形象显示自身[18]。这仆人的形象不是伪装，像国王的破袍子，它正好被风吹开而暴露了国王；也不像苏格拉底那件轻飘飘的夏袍[19]，它薄若无物，但却既能遮掩又能暴露。这仆人的形象就是他真实的形象。这形象是爱的深不可测，它郑重地、真实地而非戏谑地想与被爱者平等相处。这一点只有果决的爱的全能才能达成，对此无论是苏格拉底还是国王都无法做到，因此他们伪装的形象仍然是一种假象。

看，他就站在那里——神。在哪儿？那儿，你难道看不见吗？他是神，可是却没有可以枕头的地方[20]，他也不敢把头转向人，他不想冒犯他们。他是神，可是他的步履却比带着他的天使更加小心翼翼，不是怕被绊倒[21]，而是怕踩到那些卑微的人们而冒犯他们。他是神，可是他的目光却忧虑地落在了人类身上，因为每一个脆弱的枝叶都会像草一样很快被折断[22]。这是怎样的生活，彻底的爱和彻底的忧：他要去表达爱的统一性但却不被理解；他害怕每个人的沉沦，但却只能拯救唯一的一个。那是彻底的忧，他的每一天都被学生的忧所充满，学生将自己完全托付给了他。于是神立于世间，带着他全能的爱而像最低下的人一样。他知道，学生即是谬误——假如他犯了错，假如他坠落并且丧失了他的坦然自信！用一个全能的"要有……"来负载天和地[23]，只要有一丁点儿的时间未能到场，所有这一切都会一齐沉下去。而若与负载着人类的愤慨的那种可能性相比——当他出于爱而成为人类的拯救者之时，这一点却又是何等轻松！

这仆人的形象不是伪装，因此神必须经受一切苦难，忍受一切[24]，尝试一切，在旷野中挨饿[25]，在痛苦中干渴[26]，被离弃在死亡之中[27]，绝对与最低下的人一样——你们看这个人[28]。他所受的折磨不是死亡的折磨，他整个的生活就是一部饱受痛苦折磨的历史；而受到煎熬的正是爱，那给予一切、但自身又处于匮乏状态的爱。这是多么奇妙的自我弃绝呵，当他忧虑地问学生：你现在真的爱我吗[29]？尽管那学生是最低下的人。他知道威胁来自何方，可他还知道，任何一种相对轻松的方式对他而言都是欺骗，尽管学生并不理解这一点。

对于爱而言，任何其他的显现都是假象，因为要么它首先使学生发生某种变化（可是爱不是要去改变被爱的一方，而是要改变自己），并且为其掩盖而不使他知道——这一切是必要的；要么肤浅地继续保持那种无知状态，认为所有的理解都是幻象（这是异教徒的谬论）。任何其他的显现对于神爱而言都是假象。尽管我的眼中有着比悔悟的女罪人更多的眼泪，尽管我的每一滴眼泪都比被原谅的女罪人的许多眼泪珍贵[30]；尽管我能找到一个比他的脚边更谦卑的位置，我能比那妇人更谦卑地坐在那里，而她的心所做的唯一选择是一个必然的选择；[31]尽管我对他的爱比那个爱他直到最后一滴血的忠实的仆人更为真诚；[32]尽管在他的眼中我比那个最纯洁的女子更为悦目[33]。可是，假如我请求他改变他的决定，以另一种方式显现自身，让他爱惜自身，他会看着我说：人呵，你与我有何相干，走开，你这撒旦，[34]尽管你自己并不知晓这一点！或者，假如有一次他伸出手来而他的要求应验了[35]，而我因此更好地理解了他，或者加倍地爱他，那我很可能会看到他在为我哭泣，并且听到他说：你这样做只会不忠实于我，会使爱萌生痛苦；你爱的只是创造奇迹的全能者[36]，而非将自身降为与你同等地位的人。

这仆人的形象绝非伪装，因此他非得咽气并且离开尘世。尽管我的忧比那位利剑穿心的母亲的忧更为深沉[37]；尽管我的处境比信仰的力量被耗尽之时的信徒的处境更糟；尽管我的痛苦比那个把希望置于十字架上但却只能保存十字架的人更令人感动。可是，假如我请求他爱惜自己，请求他留下来，那么我很可能会看到他悲伤得几近死去[38]，他为我悲伤，因为那种痛苦折磨应当有益于我。可是他的忧还在于，我无法理解他。噢，苦涩之杯[39]，比苦艾更苦的很可能就是有死者临死之即所受的耻辱，那么对于不朽者又当如何呢！噢，那酸涩的解渴之物，比醋更酸[40]，因爱人的误解而振作！罪人受难是痛苦中的安慰，那么无辜者受难又当如何呢！

诗人就是这德性，不然，他如何会生出这样的念头，认为神为了拿出最骇人听闻的决断会以此种方式显现自身？他如何能够轻浮地与神的痛苦嬉戏，虚假地为了把愤怒写进诗中而把爱挤了出去？

学生在这部受难史当中是否有份，尽管他的命运与教师的不同？不过事情只能是这样，是爱引起了所有的苦难，因为神并不嫉妒他自己，相反，在爱之中他愿与最低下的人平起平坐。把橡树种子撒在土盆中，盆会胀破；把新酒装在旧皮袋中，袋子也会撑破[41]。倘若神把自身植入一个人身上的薄弱部分，而这人却没有变成一个新人[42]和一个新的容器[43]，这如何可能呢！可是这样的变化非常之难，它就像难产！当由罪过而生的忧惧[44]要去扰乱爱的平和的时候，理解是何等的脆弱，它几乎靠近误解的边缘！这理解的情况又何尝不令人害怕呢！当山峰因神的声音而颤抖时，人们把脸埋在地下[45]，比之于"和他在一起就像和平等的人在一起"这种情况，它也没有那么可怕，而神关切的就是与人平起平坐。

* * * * *

假设现在有人说："你抒写的这玩意儿是自古以来最蹩脚的剽窃，因为它跟所有小孩子知道的完全一样。"那么我可能会羞耻地听人们说我是一个撒谎精。可是为什么说是"最蹩脚的"呢?所有剽窃的诗人都是从另一个诗人那里剽窃的,如此一来我们应该一样地蹩脚。也许我的剽窃还要少些危害呢,因为它更容易被发现。可是我剽窃的是哪一位呢?假如我十分礼貌地把阁下——对我实施评判的你——当作那位诗人的话,你可能又要生气了。假如说只见诗作而未见诗人,这一定很奇怪,就像听到了笛声但吹笛人根本就不存在一样[46]。或者说,这诗作就像一个谚语,没有人知道它的作者,因为它就像是整个人类创造出来似的[47]。这也许正是你把我的剽窃称做"最蹩脚"的原因,因为我并不是从某个人那里、而是从全体人类那里劫掠而来的,尽管我只是个单个的人,甚至是一个蹩脚的窃贼,可是我竟然自大地声称自己就是整个人类。假如事实如此,如果我走到每个人面前,可能每个人都知道那玩意儿,但又都知道,他并没有创作它,难道我能说它是整个人类创作出来的吗?这难道不奇怪吗?因为假如说那是整个人类的创作,我们应该说每个人都有可能创作它。难道你不认为我们在此遇到了一个难题吗?尽管你从一开始就认定这很容易判断,你用简洁的义愤之辞说我的诗作是世间最蹩脚的剽窃,而我还得满怀羞耻地听你这么说。可能根本就没有什么诗,或者不管怎么说它都不能归之于任何人,也不能归之于整个人类。现在我理解你为什么把我的行为称为"最蹩脚的剽窃"了,因为我并不是从某个人那里偷来的,也不是从整个人类那里抢来的,而是从神那里劫来的,或者说把神绑架了,尽管我只是个单一者,甚至真的是一个蹩脚的窃贼,但是我却亵渎神灵地自称是神。亲爱的朋友,现在我完全理解你了,我明白了,你的愤怒是公正的。可是我的灵魂又被一种新的惊讶抓住了,崇拜之情充盈我心,其实称那玩意儿是一件人类的作品是很奇怪的。人有可能把自己写成与神相似,或者说神与他自身相似,但却不可能这样抒写,即神把自己写成与人相似。因为假如神自己什么都不显现的话，人又怎么会认为神圣的神会需要他呢？这是所有思想当中最糟的一种，或者更准确地说，这思想糟到不可能在他身上出现的地步，尽管当神将之委托于他的时候，他满怀崇敬地说：这思想并非在我心中升起[48]，他觉得这就是神奇般美丽的思想。所有这一切难道不神奇吗，那个从我唇上飘过的词预示着幸福，正如我、也正如你不自觉地所说的那样，我们站在奇迹的面前。当我们一起站在奇迹面前的时候，它那庄严的沉默是所有关于你的、我的之类的人类的叽叽喳喳所不能打扰的，它那令人敬畏的言辞将把关于你的、我的之类的人类的争吵彻底淹没。所以，我要请你原谅我，原谅我的奇怪的错觉，我自认那玩意儿是我抒写的。这的确是个错觉，这诗作不同于任何人类的作品，它根本就不是什么诗，而是一个奇迹。

注释

[1] 参《申辩篇》，31b–c。

[2] 所谓"神的嫉妒"指的是古希腊神祇对于神人界限的规定和捍卫。任何妄图跨越该界限的人必将受到严惩。这个界限是苏格拉底思想中的根基。

[3] 参《会饮篇》中亚尔西巴德酒醉后对苏格拉底的颂扬之辞，其中有这样的句子："我每逢听他说话，心就狂跳起来，比科里班特们在狂欢时还跳得更厉害；他的话一进到我的耳朵里，眼泪就会夺眶而出，我看见过大群的听众也表现出和我的同样的情绪。"参朱光潜译《柏拉图文艺对话集》，人民文学出版社1997年，第280页。

"科里班特"是信奉酒神的祭司，在祭典仪式中他们会用疯狂的舞蹈来表现其宗教的热忱。

[4] 参《会饮篇》中亚尔西巴德讲述的他曾经试图勾引苏格拉底的故事。亚尔西巴德对苏格拉底爱慕已久，因此有一天他请苏格拉底吃饭，饭后又用谈话挽留苏格拉底直至深夜，结果苏格拉底只能在那里过夜。亚尔西巴德向苏格拉底表白了他的爱慕，而苏格拉底以其一贯的反讽态度——

做答。接着亚尔西巴德躺在苏格拉底的大衣之下，双手抱住了苏格拉底，就这样睡了一夜。事后他称苏格拉底是神奇的人。参《柏拉图文艺对话集》，人民文学出版社1997年，第282—286页。

[5] 此处原文为希腊文 ακινητος παντα κινει。此概念见亚里士多德《物理学》第8卷第5章；以及《形而上学》第12卷第7章。

[6] 此语很可能出自《约翰福音》第1章第19—23节。犹太人从耶路撒冷差祭司和利未人到施洗者约翰那里，问他："你是谁？"他回答说："我不是基督。"接下去他们又问他是否是以利亚和先知，对此他都回答了"不是"。最后他回答那些人说："我就是那在旷野中有人声喊着说'修直主的道路'，正如先知以赛亚所说的。"

[7] 参《高尔吉亚》篇490c‐d。事实上对苏格拉底发难的不是波罗斯，而是高尔吉亚的另一个崇拜者卡利克勒斯。

[8] 地米斯托克利（Themistocles，约525‐459 BC）是希腊政治家、将军，他曾对波斯王薛西斯一世说过这样的话："人类的话语就像是展开的地毯；当地毯被展开之时，那些图画就显现出来，而当它被卷起之时，图画就被遮住了、消失了。"希腊历史学家普鲁塔克著有地米斯托克利传记。

[9] 丹麦语中有"死亡掠过我的坟墓"（døden gik over min grav）的说法，表示人突然之间毫无缘由地感到某种发自内心深处的恐惧。

[10] 语出《马太福音》第22章第15至21节。一些法利赛人和希律党人问耶稣，是否应该给该撒交税。耶稣看出他们的恶意，就说："假冒为善的人哪，为什么试探我？拿一个上税的钱给我看！"他们就拿一个银钱来给他。耶稣说："这像和这号是谁的？"他们说："是该撒的。"耶稣说："这样，该撒的物当归给该撒；神的物当归给神。"

[11] 这里的"吵闹之辈"很可能暗指《马太福音》第9章第23至25节。耶稣到了管会堂的人的家，看见有乐手，还有很多吵闹之人，就说："退去吧！这女孩不是死了，而是睡着了。"众人嗤笑他。当这些人被撵出去后，耶稣拉那女孩的手，那女孩便站了起来。

[12] 语出《彼得后书》第3章第8节："亲爱的弟兄啊，有一件事你们不可忘记，就是主看一日如千年，千年如一日。"

［13］语出《马太福音》第6章第29—30节，耶稣讲到田野里的百合花时说："我告诉你们，就是所罗门极荣华的时候，他所穿戴的，还不如这花一朵呢！你们这些小信的人哪！野地里的草今天还在，明天就丢在炉里，神还给它这样的妆饰，何况你们呢！"

［14］语出《出埃及记》第33章第20节，神对摩西说："你不能看见我的面，因为人见我的面不能存活。"类似的话还可见于《出埃及记》第19章第21节。

［15］语出《约翰福音》第8章第31至32节中，耶稣对相信他的犹太人说："你们若常常遵守我的道，就真是我的门徒；你们必晓得真理，真理必叫你们得以自由。"

［16］此处指《会饮篇》中苏格拉底转述的第俄提玛的话。简单地说，所有人都有身体的和心灵的生殖力，但这种生殖不能播种于丑，而只能播种于美。整个的孕育和生殖是一件神圣的事，只有通过生殖，凡人的生命才能绵延不绝。参朱光潜译《柏拉图文艺对话集》，人民文学出版社1997年，第265至266页。

［17］引号内原为希腊文 πολλους και καλους λογους και μεγαλοπρεπεις τικτει και διανοηματα εν φιλοσοφια αφθονω。此处译文参朱光潜《柏拉图文艺对话集》，人民文学出版社1997年，第272页。引文前克尔凯郭尔采用了海斯（Heise）的译本。

［18］语出《腓立比书》第2章第5至7节："你们当以基督耶稣的心为心：／他本有神的形象，／不以自己与神同等为强夺的；／反倒虚己，／取了奴仆的形象，／成为人的样式。"

［19］此处可能指《会饮篇》中亚尔西巴德讲述苏格拉底在泡提第亚战役中的逸事。"有一次下过从来没有见过的那样厉害的霜，兵士们没有一个敢出门，就是出门的话，也必定穿得非常的厚，穿上鞋还裹上毡；但是他照旧出去走，穿着他原来常穿的那件大衣，赤着脚在冰上走，比起穿鞋的人走着还更自在，叫兵士们都斜着眼睛看他，以为他有意轻视他们。"参朱光潜译《柏拉图文艺对话集》，人民文学出版社1997年，第287页。

［20］典出《路加福音》第9章第58节。耶稣说："狐狸有洞，天空的飞鸟有窝，只是人子没有枕头的地方。"

第二章　神：教师和拯救者

[21] 典出《马太福音》第 4 章第 5 至 6 节记道："魔鬼就带着他进了圣城，叫他站在殿顶上，对他说：'你若是神的儿子，可以跳下去，因为经上记着说：主要为你吩咐他的使者／用手托着你，／免得你的脚碰在石头上。'"

[22] 典出《彼得前书》第 1 章第 24 节："凡有血气的，尽都如草；／他的美荣都像草上的花。／草必枯干，花必凋谢；惟有主的道是永存的。"

[23] 此处指《旧约·创世记》中神创造天地时所说的话，比如第一句"神说'要有光'，就有了光。"同时亦指《新约·希伯来书》第 1 章第 3 节，"他是神荣耀所发的光辉，是神本体的真相，常用他权能的命令托住万有。"

[24] 典出《哥林多前书》第 13 章第 7 节："凡事包容，凡事相信，凡事忍耐。"文中所说的"经受一切苦难"（lide Alt）指的是耶稣的受难史。

[25] "在旷野中挨饿"指耶稣受魔鬼试探，在旷野中禁食 40 昼夜的故事。见《马太福音》第 4 章第 2 节。

[26] "在痛苦中干渴"指耶稣在十字架上所说的话："我渴了。"见《约翰福音》第 19 章第 28 节。

[27] "被离弃在死亡之中"指耶稣被处死时所说的话："我的神！我的神！为什么离弃我？"见《马太福音》第 27 章第 46 节。

[28] "你们看这个人"是彼拉多指着身穿紫袍、头戴荆冠的耶稣对众人所说的话。见《约翰福音》第 19 章第 5 节。

[29] 指耶稣三次问西门·彼得，问他是否爱他比别的弟子更甚。见《约翰福音》第 21 章第 15 至 17 节。

[30] 典出《路加福音》第 7 章第 37 至 39 节、以及 47 至 48 节中的故事。有一位女罪人拿着盛香膏的玉瓶，挨着耶稣的脚哭，眼泪湿了耶稣的脚，她用自己的头发把它擦干，又亲吻耶稣的脚，然后涂上香膏。耶稣对众人说："她许多的罪都赦免了，因为她的爱多"。最后耶稣直接对那妇人说："你的罪赦免了。"

[31]《路加福音》中第 10 章第 39 至 42 节中，马利亚在耶稣的脚前听他讲道，只留下她的姐姐马大照管和伺候，于是马大对耶稣说要求马利

41

亚来帮她。耶稣说:"马大!马大!你为许多的事思虑烦扰,但是不可少的只有一件;马利亚已经选择那上好的福分,是不能夺去的。"

［32］《马太福音》第26章第33至35节中,彼得说:"众人虽然为你的缘故跌倒,我却永不跌倒。"耶稣说:"我实在告诉你,今夜鸡叫以先,你要三次不认我。"彼得说:"我就是必须和你同死,也总不能不认你。"

［33］"最纯洁的女子"即指童贞女马利亚。

［34］《马太福音》第16章第21至23节中,当耶稣告诉弟子们他必须到耶路撒冷受苦、死去、然后在第三天时复活的时候,彼得拉着他劝他说:"主啊,万不可如此!这事必不降临到你身上。"耶稣对彼得说:"撒旦,退我后边去吧!你是绊我脚的;因为你不体贴神的意思,只体贴人的意思。"

［35］此处指耶稣治好了许多病人的故事,比如《马太福音》第8章第2至3节,"有一个长大麻风的人来拜见他,说:'主若肯,必能叫我洁净了。'耶稣伸手摸他,说:'我肯,你洁净了吧!'他的大麻风立刻就洁净了。"

［36］很可能指《马太福音》第12章第38至39节,有几个文士和法利赛人对耶稣说:"夫子,我们愿意你显个神迹给我们看。"耶稣回答说:"一个邪恶淫乱的世代求看神迹,除了先知约拿的神迹以外,再没有神迹给他们看。"

［37］典出《路加福音》第2章第34至35节。耶路撒冷的西面对耶稣的母亲马利亚预言耶稣的未来:"这孩子被立,是要叫以色列中许多人跌倒,许多人兴起;又要作毁谤的话柄,叫许多人心里的意念显露出来;你自己的心也要被利剑刺透。"(注:中文本《圣经》中写为"刀"。为与克尔凯郭尔文本及丹麦语《圣经》相一致,此处略做改动。)

［38］语出《马太福音》第26章第38节。耶稣对门徒们说:"我心里甚是忧伤,几乎要死;你们在这里等候,和我一同警醒。"

［39］典出《马太福音》第26章第39节。耶稣祷告说:"我父啊,倘若可行,求你叫这杯离开我。然而,不要照我的意思,只要照你的意思。"

［40］《马太福音》第27章第48节中讲到耶稣临死前曾呼叫"我的神!我的神!为什么离弃我?"把他钉在十字架上的人中的一个赶紧跑去,

拿海绒蘸满了醋，绑在苇子上，送给耶稣喝。

［41］典出《马太福音》第9章第17节。耶稣说："没有人把新酒装在旧皮袋里；若是这样，皮袋就裂开，酒漏出来，连皮袋也坏了。惟独把新酒装在新皮袋里，两样都保全了。"

［42］"成为一个新人"指的是《哥林多后书》第5章第17节，"若有人在基督里，他就是新造的人，旧事已过，都变成新的了。"同时可见《以弗所书》第4章第24节，保罗曾说："要将你们的心志改换一新，并且穿上新人；这新人是照着神的形象造的，有真理的仁义和圣洁。"（注：中译本中所谓"穿上新人"即指按照新人的形象来穿戴自己。）

［43］所谓"新的容器"很可能引申自《提摩太后书》第2章第20至21节，保罗曾这样说道："在大户人家，不但有金器银器，也有木器瓦器；有作为贵重的，有作为卑贱的。人若自洁，脱离卑贱的事，就必作贵重的器皿，成为圣洁，合乎主用，预备行各样的善事。"

［44］"忧惧"原文为Angester。

［45］此处很可能指《旧约·出埃及记》中第19章第18至19节中神显现于西奈山的情景，其中有这样的句子"遍山大大地震动。角声渐渐地高而又高，摩西就说话，神有声音答应他。"

［46］此处很可能指《申辩篇》（27b），苏格拉底面对陪审团向他的公诉人墨勒图斯提出了这样的问题，即是否有这样的人，他们相信人类的活动但却不相信人类的存在；或者不相信有音乐家但却相信作曲和演奏。

［47］在19世纪前半期人们产生了对民间文学的新兴趣，认为包括民谣、童话以及谚语等并不属于任何一个有名有姓的作者，而是属于整个民族，它们体现出了一种深刻的集体意识。

［48］语出《哥林多前书》第2章第9节："神为爱他的人所预备的／是眼睛未曾看见，／耳朵未曾听见，／人心也未曾想到的。"

43

第三章　绝对的悖谬

（一个形而上的奇思异想）

尽管苏格拉底竭力致力于积累关于人性的知识，致力于认识他自己，尽管这么多世纪以来他一直被赞誉为一个最了解人的人，他还是承认，自己之所以没有去考察诸如翼马和蛇发女怪这类存在物的根本原因在于，他还没有完全认识自己。作为人性专家，他是一个比泰风更奇怪的怪物呢，还是一种更为和善的、独特的、本性上分有某种神性的存在者呢？（参《斐德若》篇，第229节）[1]这一点看起来是一个悖谬。不过人们不该把悖谬想得那么坏，因为悖谬是思想的激情，一个没有悖谬的思想家就像一个缺乏激情的恋人，他只是个平庸之徒。但是，任何一种激情的至上力量总是希求着自身的毁灭，同样，理智的最高激情也要求着冲突，尽管这冲突总会以这样或那样的方式导致理智的毁灭。去发现某个思想所不能思考的东西，这就是思想的最高形式的悖谬。事实上，这种思想的激情普遍存在于思想当中，也存在于单一者的思想中，就其在思考之时不再仅仅是他自身而言。可是出于习惯人们并未发现这一点，人类的行进步伐亦然，按照自然研究者的介绍，"人的移动是一种持续的下降"[2]。对于一个每天早上走到办公室、中午再走回家的谨慎小心的人来说，他可能会认为这说法太夸张了，因为他向前迈出的每一步其实都是一种调和；他如何会认为自己径直地前行反倒成了一种持续的下降呢？

不过为了开始，让我们提出一个大胆的命题；让我们假设，

第三章 绝对的悖谬

我们知道人是什么。① 在此我们拥有整个希腊哲学所有的追寻的、怀疑的、公设的或者多产的真理标准[3]。希腊人看问题的方式是奇怪的,它就像希腊精神的一个缩影,一个希腊精神自己写就的格言,它比那些间或就它而写成的冗长的东西更能说明问题。因此,这个命题是值得去假设的,而且其间还有另外一个理由,我们在前两章中已经做出了解释,假如有人不愿像我们那样诠释苏格拉底,他可千万要小心,别掉进那些或早或晚的希腊怀疑主义的陷阱之中[4]。假如苏格拉底关于回忆和"每个个体都是人"[5]的理论没有得到坚持的话,那么,塞克斯都·恩披里可准备好的那个落在"学习"之上的过渡就不仅仅是困难的,而且还是不可能的[6]。普罗泰戈拉从塞克斯都·恩披里可所放弃的点上开始自己的工作,他说,人是万物的尺度[7],它可以理解为他就是其他人的尺度;而绝非那种苏格拉底式的理解,也就是说,每个个体就是他自己的尺度,既不多也不少。

于是我们知道了人是什么,那种我绝不会低估其价值的智慧将会不断变得丰富而有意义,真理也是如此。然后,理智静止不动了,就像苏格拉底的所为[8]。现在,理智的悖谬性的激情清醒了,它渴求着冲突,并且在没有完全理解自身的情况下渴求着自身的毁灭。爱情的悖谬亦然。人总是不受任何干扰地囿于自身之内,然后自爱的悖谬清醒了,作为对他者的爱、对一个思慕对象的爱。(自爱是所有的爱的根基,并且在所有的

---

① 用"假设"一词来赋予这个命题一个怀疑的形式,这一点或许是荒谬可笑的;因为在我们这个以神为本的时代[9],每个人对这类事都知晓得一清二楚。难道不是吗?德谟克利特也知道这一点,因为他这样来给人下定义:"人就是我们大家都知道的东西",接着他又说:"因为我们都知道一条狗、一匹马、一株植物等等是什么,而这些没有一个是人。"我们不想如塞克斯都·恩披里可那样恶毒,也不想如他那样风趣,众所周知,他据此完全正确地推论说,人是一条狗;因为人就是我们大家都知道的东西,而我们大家都知道一条狗是什么,故此。[10]我们并不想那么恶毒。但是我不知道,如果这个问题要以同样的方式在我们这个时代得到澄清,它是否会因为想到了可怜的苏格拉底和他的尴尬处境而感到一丝不安呢?

45

爱中消亡；因此，如果我们要构想出一种爱的宗教的话，我们只能假设一个条件，它如同警句一样真实，并且理所当然地将被表述如下：爱你自己，以便你可以去命令，爱你的邻居如同爱你自己[11]。）就像恋人因爱的悖谬而改变自身以至于他几乎无法认出自己一样（那些诗人——爱情的发言人见证了这一点，恋人自己也见证了这一点，因为他们只允许诗人从他们那里取走一些字眼，而不是相恋的状态）；同样，理智隐约感觉到的悖谬反过来又作用于人及其自我认识，结果原先相信已经认识了自己的人现在却不再肯定地知道，他是一个比泰风更奇怪的复杂动物呢，还是他的存在当中分有某种温和的、神性的部分（我没有思考这些事情，而是思考我自己，看我是一个比泰风更复杂、更无法控制的动物呢，还是一个温和的、独特的本性上分有某种神性和非自负的东西的存在者。）（《斐德若》，230A）。[12]

可是，那个不可知者，那个理智在其悖谬性的激情当中与之冲撞的东西，那个甚至干扰了人类的自我认识的东西究竟是什么呢？它就是不可知者[13]。但它不会是某个人，就其了解此事以及其他事物言。那么，就让我们把这不可知者称做神，这只是我们给它的一个名字。理智几乎没有要去证明不可知者（神）存在的想法。如果神不存在，那么证明这一点就是不可能的；而若他存在，想去证明这一点则是愚蠢的。因为就在证明开始的那一刻，我已经预设了他的存在不容怀疑，一个前提不应该是怀疑性的，既然它是一个前提：它是已经被决定了的，否则我将无法开始这个证明。这一点很容易理解，假如他并不存在，所有这一切都将成为不可能。相反，假如当我说"证明神的存在"的时候，我指的是要去证明那个存在着的不可知者是神，我的说法就更不走运了；因为那样一来我什么也没有证明，更别说证明某种存在了，我只是展开了一个概念的定义。一般而言，想去证明某物存在是件难事儿，而对于那些敢于涉足此事的勇士们来说情况更糟，因为此处的困难在于，名望和声誉并不等待那些倾力追求它的人。证明活动总是不断地变成完全别样的东西，变成一种对从我的假设当中推论出来的结论的进一步展开，这假设是说，那个被探问的东西是存在的。由此，不管我是在可感知、可触摸的世界中行动，还是在思想中行动，我都不是在推导出存在，而是从存在中推导出来。同样，我并不是去证明有一块石头存在着，而是要证明，那个存在物是块石头；法庭也不是证明某个罪犯存在，而是证明，那个存在着的被告是一名罪犯。人们愿意把存在叫做一个"伴随物"还是一个永恒的"前提"[14]，这一点永远无法证明。我们不想着急，我们并没有和那些人相同的理由着急，他们出于对自身、或者对神、或者对别的什么东西的忧虑而急于拿出一个证明，说它是存在的。在这种情况下，他们有正当的理由着急，尤其是假如当事人诚实地指出了危险之所在，即他本人或者那个被探问之物并不存在，直到他做出了证明；他并非不诚实地心怀那个隐秘的思想，即：不管他证明与否，根本而言它都是存在的。

假如我们用拿破仑的事迹证明他的存在，这难道不离谱吗？因为他的存在可以解释他的事迹，而不是用他的事迹来证明他的存在，更不用说在这之前我已经理解了这个词："他的"，由此我已经假设，他存在着。拿破仑只是一个单一者，就他本人与其事迹之间并无绝对的关系这一点言，别人也有可能做同样的事。也许正因为如此，我才无法从事迹中推导出存在。若我把这些事称做拿破仑的事迹，则这证明就是表面化的，既然我已经提到了他的名字；而若不提这一点，我永远都无法证明这些事迹是拿破仑的，而只能（纯粹理想化地）证明，如此这般的事迹出自一位大将军，等等。但是，在神和他所行的事之间有着一种绝对的关系，神并非只是一个名字，而是一个概念，或许正因为如此才会有这样的说法，他的"本质包含了存在"[15]①。因此，神的事只能由神来完成，这一点完全正确。但是，哪些是神的事呢？我用来证明神的存在的事绝对不是直接存在的。或许自然中的智慧、天命当中的仁慈或智慧就横在我们眼前？在此我们遇到的是最骇人的灵魂拷问。终止所有这些拷问是不可能的。不过，我不能从这样一种事之序出发来证明神的存在；就算我开始了，我也永远不会结束，我会一直处于"悬置状态"[23]，以免突然发生点什么可怕的事情把我这一份微不足道的证明给毁了。那么，我到底是从什么样的事出发去证明呢？从理想状态下的事，也就是那些并非直接地显现自身的事。可是这样一来我就不是由事出发去

---

① 举个例子，斯宾诺莎通过深入研究神的概念，想借助思想从神的概念当中推出神的存在，不过请注意，这存在不是作为一种偶性，而是作为本质的规定性。这是斯宾诺莎的深刻之处，不过让我们看一看，他是如何做的。在《笛卡尔哲学原理》中他这样写道："某物依其本性越完美，它所包含的存在也就越多、越必然。反之亦然：某物依其本性所包含的存在越必然，该物就越完美"[16]。相应地，越完美，则存在越多；存在越多，则越完美。这是一个同语反复。这一点在他的一则笔记当中表达得更为清楚，他说："我们在此将不谈论美和其他的完美性，人们通过迷信和无知而愿意称其为完美性。当我说'完美'的时候，我所指的正是现实性或者存在"[17]。他用"实在"、"存在"来解释"完美"[18]；某物越完美，它在的也越多[19]。可是某物的完美性在于，它自身有着更多的存在，我们也可以说，其存在越多，它在得也越多。这个同语反复我们就说到这儿。这里缺乏的是真实的存在与理想的存在之间的区分[20]。而假如没有做出这个区分，那种本质上不甚清晰的用语就会变得更加令人困惑，也就是说谈论什么更多或更少的存在，谈论存在的等级差别。换个说法，斯宾诺莎讲得颇有深度，但他却没有首先追问一个难题。就真实的存在而言，讨论或多或少的存在是毫无意义的。一只苍蝇，当其存在之时，它有着与神同样多的存在。就真实的存在而论，我所写下的愚蠢论点与斯宾诺莎的深刻论点有着同样多的存在，因为就真实的存在而言，起作用的是哈姆雷特的辩证法：在还是不在[21]。真实的存在漠视所有本质规定性之间的差异，所有的存在没有丝毫嫉妒地分有了存在，而且分有得同样多。可从理想的角度说事实却非如此，这一点千真万确。可是，一旦我从理想化的角度去谈论存在，我所谈论的也就不再是存在，而是本质了。最高的理想性包含着必然性，因此它在。可是这个存在就是它的本质，以此方式它不能在真实存在的规定性之中成为辩证性的，因为它在。而就其他事物言，我们也不能说或多或少的存在。这一点以前就有人表达过，尽管并不完美，那就是说：如果神是可能的，那他也就是必然的（莱布尼兹）[22]。其实斯宾诺莎的命题是完全正确的，同语反复也没有什么大不了的，只是有一点可以肯定，他完全规避了一个难点，这难点在于把握真实的存在，并且把神的理想性辩证地带进真实的存在。

证明，而只是在展开一种我所预设的理想性；凭借这种理想性，我才敢冒险与所有的反对意见相抗衡，甚至是那些尚不存在的意见。既然我开始了，我就已经预设了那个理想性，而且预设说我能够成功地展开它。不过，我只能预设神是存在的，依靠他我终才能开始我的证明，除此无他。

　　现在的问题是，神的存在是如何从证明中显现出来的？是突然一下子显现的吗？这情形是否就像笛卡尔玩具，只要我一松手，它立刻就会倒立[24]？只要我一松手，因此，我不得不松手了。证明的情形亦然。只要我坚持去证明（也就是说我持续地作为证明者），那存在就不会显现，而这并不是出于别的原因，而是因为我正在证明。可是当我丢开那个证明的时候，存在现身了。我这个松手的行为也该算回事，它毕竟是我的补充[25]。那个短暂的瞬间难道不该被考虑在内吗，不管它有多么短暂——其实它并不需要太长，因为它是一个跳跃。不管这环节有多微不足道，哪怕就是一眨眼的工夫，它也应该被考虑在内。假如人们想把这一点忘掉的话，我想趁机讲一件逸事，以便说明这一刹那的确是存在的。克吕西波曾尝试着通过向前或者后退的方法来决定一个谷堆的质的限度。而当质真的出现之时，卡尼德斯却怎么也想不通。于是克吕西波对他说，在数数儿的时候人们可以歇一气，然后，然后，他们就能更好地理解这问题了。可是卡尼德斯却回答说，拜托，请别因我麻烦了。你不但可以歇上一气，你甚至可以去睡上一觉，这都无关紧要。你醒来后我们可以从你上回停下的地方重新开始[26]。此处的情况亦然：想通过睡上一觉而摆脱掉些什么与通过睡一觉而得到些什么，二者同样无用。

　　一个因此而想去证明神的存在的人（只是在另一种意义上阐明神的概念，而且没有我们已经指出的那个"最后的限制"[27]，即存在本身是通过跳跃从证明中出场的），他的证明缺少了点什么，缺少了一个有时甚至并不需要证明的东西，并且无

49

论如何都不会更好。愚顽人在心里说,根本就没有什么神[28];可是那个在心里对自己、也对他人说"请稍等,我这就给你证明出来"的人,他是一个多么罕见的聪明人呵①!假如就在他应该开始证明的那一刻,他完全无法决定神是存在还是不存在,那么他就不能做出证明。如果在他开始之时情况果真如此,那么他永远都不能开始,一方面是因为他害怕这一切不会成功,因为神也许并不存在;另一方面则是因为他没有任何东西可以拿来作为开端。在古代人们几乎不去关心这类东西,至少苏格拉底没有这么做。他的确如人们所说的提出了关于神的存在的"物理学—目的论证明"[29],但他的证明方式不同。他一直假设神是存在的,在此假设之下,他尝试着将目的论思想贯穿于自然。假如有人要问他为什么能如是为之,他可能会解释说,如果他身后没有"神是存在的"这样的确证,他是不会有勇气投身于这样一个探险之旅当中的。按神的要求,可以说他撒下了一个网以便捕捉目的论的观念[30];因为自然本身为了达到干扰的目的灵机一动,设计出了很多可怕的机关和逃遁。

于是,理智的悖谬性的激情不断与这不可知者相冲突,这不可知者是存在的,但却又是不可知的,因而在某种意义上说它也是不存在的。至此,理智将不再向前,但是在其悖谬之中,它却忍不住要向前并且触及那不可知者。用宣称"那个不可知者不存在"的方式来表达理智与不可知者之间的关系是不行的,因为这说法本身就已经涉及了一种关系。可是这不可知者到底是什么呢?"这是神"对我们来说只意味着这是"不可知者"吗?宣称神是不可知者,因为我们无法认识它;就算能够认识它,人也无法说出来,[31]这样做并不能使激情得到满足,尽管激情准确无误地把不可知者理解为界限。可是这个界限恰恰是对激情的折

---

① 一个多么出色的疯狂喜剧的题材呵!

磨，虽然它同时还能刺激激情。激情不能继续前行了，无论它"以否定的方式"还是"以理想化的方式"[32]去冒险突围。

这不可知者究竟是什么呢？它就是要不断企及的界限，而在运动与静止的规定性相互替换的意义上，它也就是差别，绝对的差别。但是这个绝对的差别对于人来说没有任何标记。被界定为"绝对的差别"看起来似乎是说它要成为公开而显明的，但是事实并非如此；因为那个绝对的差别是理智根本无法思考的。在绝对的意义上，理智不可能否定自身，它只能为否定之目的而利用自身，结果理智在自身之中思考着那个差别，后者是靠自己进行思考的。理智不可能绝对地超越自身，因此它所思考的只是在它自身之上的、自己思考自己的崇高。假如不可知者（神）不仅仅是界限的话，那么这个关于差别的思想就会与关于差别的其他很多种思想混淆起来。这样一来，不可知者就会处于一种流放状态[33]，而理智则可以从手头已有之物和幻想所能构想出来的东西（怪物，可笑的东西，等等等等）之间进行愉快的挑选了。

可是这个差别不可能被坚持。每当此时，它在根本上就成为独断，在虔敬的深处不可思议地潜伏着那种任意的独断，它认为神是由它带出场的。假如差别无法被坚持，因为它没有任何标记，则差别和平等就与所有的辩证矛盾一样成为同一的。紧紧依附于理智的差别把理智弄糊涂了，结果理智无法认识自身，它与差别完全混为一谈。在稀奇古怪的发明的领域里，异教世界有着相当丰富的成果。就我们刚刚提出的那个假设而言——它是理智的自我嘲讽，我想仅用几笔将之勾勒出来，而并不考虑它是否具有历史性。有那么一个人，他看起来与其他人完全一样，像他们一样成长，然后结婚，有职业，他要考虑明天的生计，如同每个人都该做的那样。能够像天空的飞鸟那样活着当然是美好的[34]，但这却不被允许，而且那样的下场真的可能十分悲惨：或者他将因饥饿而死去，如果他够坚韧的话；或者他要仰仗他人活着。这个人也是位神。可这一点我是如何知道的呢？没错儿，我不可能知道这一点，因为那样一来我就必须了解神和那个差别；可是我并不知道那个差别，因为理智已经将其等同于"与它有差别的东西"了。因此，通过理智的自我欺骗，神变成了最可怕的骗子。理智尽可能地把神拉近，但却又推得同样遥远。

* * * * *

也许有人会说："你是一位空想家，我知道得很清楚。可是你肯定不会相信，我会关心这样的一种奇思异想，它太怪诞了，太荒谬了，根本就不会有人关心它，尤其是它太不可思议了，为了能够思考它，我不得不把原先在我意识当中的一切都清除掉。"

"我看你还真该这么做。可是你既要保留你意识中的所有前提，又要在没有任何前提的情况下思考你的意识，这样做是否合理？[35]我想你不会否定我们所讨论的问题的逻辑结果，也就是说，理智在把不可知者规定为差别之时最终偏离了正轨，它混淆了差别和平等？不过这似乎还可以引出另外一种结果，也就是说，假如人真正要认识不可知者（神）的话，他首先应该认识到，这不可知者与他是有差别的，绝对的差别。理智无法从其自身获得这种认识（正如我们所知，这是一个自相矛盾）；如果理智想获得这种认识，它必须从神那里获得；就算理智认识了它，理智也不可能理解它，因而最终也就不可能认识它。理智如何能够理解那种绝对的差别呢？假如这一点并不直接就是清楚的话，那么在其结果之中它会变得清楚起来。神与人绝对地有所差别，所以人也绝对地与神有所差别；问题是，理智如何能把握这一点呢？看起来我们在此碰到了一个悖谬。仅仅为了认识到神是那差别者，人就需要一个神，更何况还要认识到，人与神的差别是绝对的。假如神与人之间有着绝对的差别，这其中的根源不可能在于人欠了神些什么（果若如此，人就与神有了某种关联），而在于他欠他自己些什么，或者在于他自身的过错。这差别究竟是什么呢？它不是别的，而只能是罪，因为差别、绝对的差别是人自己造成的。我们在前面曾经说过，人是谬误，且因自身的原因；而且我们曾既戏谑又严肃地达成一致意见，认为要求人依靠自己而认识到这一点是太过分了。我们在这里发现了一个相同的情况。那个研究人性的专家在与有差别的东西相遇之时几乎对自己产生了迷惑，他几乎不再知道，自己究竟是一个比泰风更怪的怪物呢，还是说他身上有着某些神性的东西。那么，他缺少的是什么呢？是罪的意识，这一点我相信他不能教给他人，他人也不能教给他，只有神才能做到——假如神愿意成为教师的话。正如我们前面所写的，神的确想成为教师，为了做到这一点，他愿意与单一者平等相处，以便更好地理解他。于是这悖谬变得愈加棘手，或者说这个悖谬具有了两面性，以此它证明自己是绝对的。否定的一面是，它让罪的绝对差别出场；而肯定的一面则是，它在绝对的平等之中扬弃[36]了绝对的差别。

"问题是，这样的一个悖谬能否被思考？我们不想着急，而且当斗争旨在获得一个问题的答案的时候，它不同于赛场上的竞争；这里，取胜的关键不在于速度，而在于准确性。理智当然不会去思考这个悖谬，单是它自己根本就不会生出这样的念头。假如有人宣讲这个悖谬，理智也无法理解它，只是注意到这悖谬很可能会成为理智的毁灭。在一定程度上，理智在很多地方与这悖谬相反对，不过在另一方面，理智在其悖谬性的激情之下又渴望着自身的毁灭。但是，理智的毁灭恰恰是悖谬所希求的，如此一来，它们之间又达成了相互理解，只是这理解只存在于激情迸发的瞬间。让我们考察一下爱情关系吧，尽管它是一个并不完美的比喻。自爱是爱的基础，但是自爱的悖谬性的激情的极致就是希求自身的毁灭。爱情亦然，因此这两种力量在激情迸发的瞬间达成了相互理解，这激情就是爱情。为什么恋人们不能思考这一切呢？尽管那个因自爱而从爱情中抽身的人既不能理解这一点，也不敢冒险这么做，因为它意味着毁灭。爱情的激情亦然。自爱很可能会消失，但却不会被完全毁灭，它只是被俘虏了，它是爱情的'战利品'[37]；自爱将再次获得生命，而这一切将成为对爱情的折磨。悖谬与理智的关系也是如此，只是这个激情有另外一个名字，或者更准确地说，我们应该为其寻找一个名字。"

注释：

[1] 翼马（Pegasus）、蛇发女怪（Gorgon）和泰风（Tyfon）都是希腊神话中的形象。"蛇发女怪"有三个，其中墨杜萨最有名，她们的目光能把人变成石头。"翼马"是墨杜萨死时由她的血变成的。提坦泰风是大地与泰坦罗斯所生的最后一个孩子，他是一个有着超人力量的怪物，有一百个眼睛能喷火的龙头。

《斐德若》篇中这个意思可参朱光潜先生的译文："……我要看一看我自己是否真是比泰风还要更复杂更凶猛的一个怪物，还是一种较单纯较和善的神明之胄……"《柏拉图文艺对话集》，人民文学出版社1997年，第95页。

[2] 研究者未查出典出何处。

[3] 这里指的是邓尼曼（Whilhelm Gottlieb Tennemann）所著《哲学史》(*Geschichte der Philosophie*, bind 1 - 11, Leipzig 1798 - 1819) 中讨论希腊哲学当中的四种真理标准的章节（Von dem Kriterium der Wahrheit），其代表人物分别是苏格拉底（追寻的，søgte）、德谟克利特（怀疑的，omtvivlede）、伊壁鸠鲁（公设的，postulerede）和柏拉图（多产的，frugtbargjorte）。

克尔凯郭尔在本书中关于古代哲学的论述所参考的是邓尼曼的哲学史。黑格尔恰好认为，邓尼曼的哲学史中"近代哲学写得比古代好"，因为邓尼曼在论述古代哲学思想时，犯了把我们熟悉的东西加到古人身上的错误。

参黑格尔：《哲学史讲演录》第一卷，贺麟、王太庆译，商务印书馆1997年版，第112页。

尽管如此，邓尼曼对古希腊四种真理标准的总结是到位的，且与黑格尔是一致的。这里仅以对柏拉图"多产的—生产的"真理标准的总结为例，因为它稍显晦涩。邓尼曼的理解与黑格尔对柏拉图理念论的理解是吻合的。黑格尔批评了把理念当成"理性中的理想"的误解，指出理念不是直接在意识中，而是在认识中。"因此人们并不是具有理念，反之理念只是通过认识的过程才在我们心灵中产生出来的。"参黑格尔：《哲学史讲演录》第二卷，贺麟、王太庆译，商务印书馆1997年，第180—181页。

［4］希腊早期怀疑主义的代表人物有皮浪（Pyrrhon，公元前365—前275）和他的学生提孟（Timon，公元前320—前230）；晚期代表则为塞克斯都·恩披里可（Sextus Empiricus，160—210）。

［5］"每个个体都是人"原文为 ethvert enkelt Menneske er Mennesket，意思是说每个个体都是普遍意义上的人，具有人的共性。

［6］关于"学习之不可能"的论述见塞克斯都·恩披里可的两部著作《反数学家》（第一册）和《皮浪学说概要》（第三册）。

［7］普罗泰戈拉（Protagoras，公元前490—前420）是古希腊最有影响力的智者，其著作《真理》遗失，他关于认识的著名命题保留在柏拉图对话《泰阿泰德》篇中："人是万物的尺度，是存在者如何存在的尺度，也是非存在者如何不存在的尺度。"译文依汪子嵩等著《希腊哲学史》第二卷，人民出版社1997年版，第247页。

［8］《会饮篇》的开头曾讲述道，亚里斯脱顿和苏格拉底去阿伽通家赴宴，结果亚里斯脱顿准时到达后发现苏格拉底站在邻居家的屋子前不肯进来，于是他安慰阿伽通说："他有一个习惯，时常一个人走开，在路上挺直地站着。"参朱光潜译《柏拉图文艺对话集》，人民文学出版社1997年，第215—216页。

在同一则对话中，亚尔西巴德也讲过类似的情况。"一天大清早他遇到一个问题，就在一个地点站着不动，凝神默想，想不出来，他不肯放手，仍然站着不动去默想。一直站到正午，人们看到他，都很惊奇，互相传语说：'从天亮，苏格拉底就一直站在那里默想！'到了傍晚，旁观者中有几个吃过晚饭——当时正是夏天——就搬出他们的铺席，睡在露天，想看他是否站着过夜，果然，他站在那里一直站到天亮，到太阳起来了，向太阳做了祷告，他才扯脚走开。"同上书，第287—288页。

［9］"以神为本的时代"指克尔凯郭尔生活时代的丹麦黑格尔主义者的观点，他们把上帝作为理解思辨哲学和神学的出发点和根本原则，但是黑格尔本人并未使用过该术语。"以神为本"的说法很可能源自费希特，他在《对现代哲学特征的考察：从笛卡尔、洛克到黑格尔的批判的历史》一书中曾列举了三种不同的哲学观，即"以人为本的"，以洛克、贝克莱、休谟、康德和雅各布为代表；"以神为本的"，突出人物为黑格尔；"思辨的—直观的知识学"，以赫伯特和费希特本人为代表。

［10］德谟克利特（Democrit，公元前460—370），希腊哲学家，原子论创始人，认为万物的始基是原子和虚空。此处关于人的定义的争论保留在塞克斯都·恩披里可的《皮浪学说概要》一书当中，研究者们认为克尔凯郭尔参考的是邓尼曼的哲学史。

［11］《马太福音》第22章39节："爱人如爱己"。

［12］括号内原为希腊文：σκοπω ου ταυτα, αλλα εμαυτον, ειτε τι θηριον ων τυγχανω πολυπλο κωτερον και μαλλον επιτεθυμμενον, ειτε ημερωτερον τε και απλουστερον ζωον, θειας τινος και ατυφου μοιρας φυσει μετεχον。

［13］"不可知者"原文为 det Ubekjendte，下文假名作者将之等同于 Guden（即思想方案中的"神"）。虽然本书并未指名道姓地论及基督教，但它其实就是针对基督教所做出的一个思想试验，因而我们根据基督教思想中"上帝"的终极不可知性，将之译为"不可知者"。

［14］"伴随物"原文为拉丁文 accessorium，"前提"为 prius。

［15］"本质包含了存在"原文为拉丁文 essentia involvit existentiam。通常指在不依靠经验的前提下直接从思想或者概念之中推出存在，与关于上帝存在的本体论证明有关。

［16］这段原为拉丁文。克尔凯郭尔将引文出处写为 principia philosophiæ Cartesianæ Pars I Propositio VII Lemma，应是斯宾诺莎的 Principia philosophiae Cartesiane more geometrico demonstrata（1663年），直译为《依

第三章　绝对的悖谬

据几何学方法的笛卡尔哲学原理》。

引文如下：quo res sua natura perfectior est, eo majorem existentiam et magis necessariam involvit; et contra, quo magis necessariam existentiam res sua natura involvit, eo perfectior.

［17］这段笔记（Nota II）为拉丁文：quod hîc non loquimur de pulchritudine et aliis perfectionibus, quas homines ex superstitione et ignorantia perfectiones vocare voluerunt. Sed per perfectionem intelligo tantum realitatem sive esse.

［18］"实在性"原为拉丁文 realitas，"存在"与 esse 对应，"完美性"与 perfectio 对应。

［19］楷体字"在"对应于丹麦语系词 er 当中的一个意思，即"在"、"在场"。

［20］"真实的存在"原文为 faktisk Væren，"理想的存在"原文为 ideel Væren。Væren 是丹麦语源的系词，表示"是"、"在"、"存在"。

［21］"在还是不在"原文写为 at være eller ikke være，与 To be or not to be 以及德文版的 Seyn oder Nichtseyn 直接对应。莎士比亚的《哈姆雷特》中的这句著名台词一般译为"是生存还是死亡"，但此处根据上下文直译为"在还是不在"更为切题。

［22］此处很可能指莱布尼兹 1678 年就笛卡尔关于上帝存在的证明写给赫尔曼·康宁的一封信（Epistola ad Hermannum Conringium de Cartesiana Demonstratione Existentiae Dei）中的句子："上帝必然存在，假如他能够凭某种可能的方式被假定为存在"（Deus necessario existat, si modo possibilis esse ponatur）。

［23］"悬置状态"原为拉丁文 in suspenso。

［24］"笛卡尔玩具"是一种万有引力玩具，它的一端装有铅块，一旦松手，它立刻会倒立。

［25］"我的补充"原文为德文 meine Zuthat。黑格尔在《精神现象学》"序言"中用过类似术语 unsere Zuthat（我们的补充）。

［26］克吕西波（Chrysippos，公元前 281—208），古希腊斯多噶主义哲学家，虽然著述很少被保留，但却因渊博的学识和敏锐的思辨才能被誉为古代最伟大的逻辑学家之一。黑格尔在《哲学史讲演录》中曾说克吕西

波就著名的"说谎者悖谬"写过6大部著作。(参《哲学史讲演录》第2卷,贺麟、王太庆译,商务印书馆1997年,第121页。)

在"谷堆论证"(Sorites)中,所谓"向前的"即多加一粒谷子,"向后的"则为减少一粒谷子。西塞罗记载了这件逸事,克尔凯郭尔引自邓尼曼的哲学史。

[27]"最后的限制"原为拉丁文 reservatio finalis。

[28] 语出《旧约·诗篇》第14章第1节以及第53章第1节,"愚顽人心里说:没有神。"

[29] 所谓"上帝存在的物理学—目的论证明"(physicoteleologiske Bevis)是指从自然本身的有序性和合目的性出发而推出"上帝"作为最终原因的一种论证方法。黑格尔在《哲学史讲演录》中曾写道:"又如苏格拉底业已提出来的那种物理学的、神学的证明……"(Der alte physikotheologische den schon Sokrates hatte),参中译本第3卷,贺麟、王太庆译,商务印书馆1997年,第295页。

[30] 此处指《路加福音》5:4—5。耶稣对西门说:"把船开到水深之处,下网打鱼。"西门说:"夫子,我们整夜劳力,并没有打着什么。但依从你的话,我就下网。"

[31] 此处指希腊诡辩论者高尔吉亚的著名命题:无物存在;即使存在,人也不能认识它;而即使认识了它,也无法向他人传述。该命题保留在塞克斯都·恩披里可的《反数学家》一书中,克尔凯郭尔通过邓尼曼的哲学史了解该命题。

[32]"以否定的方式"原文为拉丁文 via negationis,"以理想化的方式"原文为拉丁文 via eminentiæ,它们是经院哲学家决定上帝性质的两种方法。前者通过否定的方法将那些有限的和不完美的性质从上帝身上移走,而后者则以肯定的方式为上帝增加那些人性的美德。

[33]"流放"原文为希腊文 διασπορα,该词多数情况下指那些没有在巴勒斯坦生活的犹太人。

[34] 语出《马太福音》第6章第26节。耶稣说:"你们看那天上的飞鸟,也不种,也不收,也不积蓄在仓里,你们的天父尚且养活它。你们不比飞鸟贵重得多吗?"

第三章 绝对的悖谬

[35] 这里可能指的是克尔凯郭尔生活时代丹麦哲学界围绕着黑格尔关于哲学体系的起源问题所做的讨论。黑格尔在其《逻辑学》中明确指出:"开端必须是**绝对的**,或者说,是抽象的开端;它于是不可以任何东西为前提,必须不以任何东西为中介,也没有根据;不如说它本身倒应当是全部科学的根据。因此,它必须直截了当地是一个直接的东西,或者不如说,只是直接的东西本身。正如它不能对他物有所规定那样,它本身也不能包含任何内容,因为内容之类的东西会是与不同之物的区别和相互关系,从而就会是一种中介。所以开端就是纯有。"参黑格尔:《逻辑学》,上卷,杨一之译,商务印书馆1991年,第54页。黑体为原译文所有。

克尔凯郭尔的老师、哥本哈根大学哲学系教授 F. C. 西伯恩撰文指出:"在我看来,宣称说哲学源起于无前提这一点本身就已包含了一个更大的前提,这一点在无需进入对哲学的本质、可能性及其全部的运动和方法的争论的情况下是能够得到证实的,因为此种争论已经步入哲学之中了。"

[36] "扬弃"在原文中写为 ophæve,是黑格尔 aufheben 概念的直接对应词。丹麦的黑格尔主义者海贝尔曾就此概念写道:"被扬弃的并不是被毁灭了。要毁灭什么东西,就应该把它放回到它生成之前所在的那个点上;可是被扬弃的仍然在那里。因此扬弃也就是要保留。"

[37] "战利品"原为拉丁文 spolia opima,原指罗马将军从他亲手杀死的敌军首领那里缴获的武器。

59

附录　对悖谬的愤慨

（幻听）

假如悖谬与理智在对其差别的共同理解之下相遇，这相遇就是幸福的，就像在爱情中达成的理解，它幸福地居于那种我们至今尚未命名的激情之中，我们只有在以后才会给它一个名字。若这种相遇未能达成相互理解，则这关系就是不幸的。我斗胆一言，我们可以把理智的不幸之爱（请注意，这里仅涉及那种根源于被误解的自爱的不幸之爱；我们无法引申出进一步的类比，因为偶然的力量在此毫无用处）具体规定为冒犯。

所有的冒犯在最深层都是承受的①。[1]这里的情况与那种不幸之爱相同。甚至当自爱（对自己的爱是一种苦难，这难道不是一个矛盾吗？）以鲁莽的壮举和令人震惊的事迹显现自己的时候，它也处于承受的状态，它受到了伤害，那伤痛显示出了一种虚幻的力量，它看上去像是行动，而且很容易使人上当，尤其是因为自爱大幅度地将之掩盖了起来。甚至当自爱将爱的对象击倒，甚至当它自我折磨地约束自己以达到冷酷无情的漠然地步的时候，当它折磨自己以便显示这漠然的时候，甚至当它耽溺于因成功而生的胜利的轻率之中的时候（这形式最具欺骗性），甚至是当此之时，它也还是承受的。冒犯的情形亦然；它能够如其所

---

① 我们的语言把"感动"[2]正确地称为"对心的折磨"；尽管当我们用"感动"这个词的时候，我们经常想到的是那种具有震撼力的勇敢，它令人震惊，由此我们忘记了它是一种苦难。同样的例子还有，"傲慢"、"反抗"等等。

愿地表达自己，甚至是当它喜气洋洋地庆祝那种毫无意义的胜利的时候，它还是承受的。不管被冒犯者悲痛欲绝地坐着，几乎像乞丐似地盯着悖谬，在痛苦煎熬中僵坐；还是用嘲笑武装自己，用诙谐之箭从远处瞄准，他都是承受的而非有距离的。不管冒犯是从被冒犯者身上取走最后一丝安慰和快乐，还是使他强壮，它都是承受的。冒犯与强者斗争，在身体方面其力量与断背者相同，他有着一种奇特的柔韧性。

与此同时，我们很愿意把承受的冒犯与行动的冒犯区分开来，但不要忘记，承受的冒犯同样是行动的，它不会让自己被毁灭（因为冒犯从来就是活动，而不是事件）；行动的冒犯总是虚弱的，它无法从十字架上脱身，也无法拔去那支射伤它的箭①。

可是正因为冒犯是承受的，这个发现，如果可以这么说的话，就不属于理智而隶属于悖谬。正如真理是"自身和谬误的标记"[3]，悖谬亦然。冒犯并不理解自身②，它被悖谬所理解。因此，不管冒犯如何表现自己，它听起来都像来自他方，来自一个相反的角落，实际上是悖谬在其中回响，而这一切都只是幻听。可是，如果悖谬是"自身和谬误的标记和评判"[4]，那么冒犯就可以被视为是对悖谬的正确性的一种间接测试。冒犯是错误的报表，是谬误的后果，是悖谬要推开的东西。被冒犯者不是在讲他自己的话，而是在讲悖谬的话，就像一个模仿者，他本人并未首创什么，他只是笨拙地仿效他人。冒犯的表达在激情（行

---

① 我们的用语也显示出，所有的冒犯都是承受的。人们说"被冒犯了"[5]，这实际上只表达了一种状态。我们还有一个类似的用法，即"受到了冒犯"[6]（承受的冒犯与行动的冒犯是同一的）。在希腊语中这个词是"受到了冒犯"[7]，它来自于"绊脚石"[8]，其意思也是说"受到了冒犯"。这里的方向是清楚的：并不是"冒犯"侵犯了某人，而是"冒犯"受到了侵犯，因而它是被动的，尽管它自己主动承担了"冒犯"。因此，冒犯并不是理智的原创；处于孤立状态的理智所展开的悖谬性的冒犯既没有首创悖谬，也没有首创冒犯。

② 以此方式，苏格拉底的"无知即是罪"的原则是正确的；罪没有真正地理解自身，可是这一点并不意味着它愿意身处谬误之中。

61

动的或者承受的）之中陷得越深，冒犯所欠悖谬的程度也就越高。因此，冒犯并不是理智的首创，远远不是；果若如此，理智也应该能够首创出悖谬。不，冒犯是与悖谬一起生成的。如果冒犯是"生成"的，我们就会再次与瞬间相遇，这瞬间是一切的中心。让我们做一简要重述。倘若没有假设瞬间的存在，我们就要返回到苏格拉底的立场，可是为了有所发现，我们恰恰要离开他。如果确立了瞬间，悖谬也就在那儿了；因为人们可以简单地称这悖谬为瞬间。通过瞬间，学生陷入了谬误；那个已经认识了自己的人开始对自己迷惑不解，他得到的不是关于自己的知识，而是罪的意识，凡此等等。一旦我们把瞬间确立下来，一切都将变得简单易行。

从心理学的角度出发，冒犯在更主动或更被动的规定之内有着众多细微的差别，详述这差别不是此处思考的兴趣；反之，坚持这一点却意义重大，也就是说，所有冒犯的本性是对瞬间的误解，因为冒犯是对悖谬的冒犯，而悖谬又是瞬间。

关于瞬间的辩证法并不困难。从苏格拉底的立场出发，这瞬间既不可见也不被突现，它现在不存在，过去不曾存在，将来也不会存在。因此，学生自己就是真理，偶因的瞬间只不过是一个玩笑，就像一本书的前扉页，本质上它并不属于该书。决断的瞬间也就是愚拙[9]；因为如果决断被确立下来，学生就会陷入谬误之中（参前述），正是这一点才使得在瞬间中的开端成为必然。瞬间是愚拙，悖谬也是愚拙，这是冒犯的表述；说"理智是荒谬的"其实正是悖谬的要求，只是它像是从冒犯中传出的回响。或者，如果瞬间不断来临，人们就会在一旁观望，而这瞬间也就会具有重要的意义[10]；可是当悖谬把理智变为荒谬的时候，理智视为重要的东西也就没有任何标记了。

于是，冒犯处于悖谬之外，而其根据则在于"正因其荒谬"[11]。不过发现它的并不是理智，而是悖谬，它现在从冒犯中获得了见证。理智认为，悖谬是荒谬的，可是这种认识却只是一种滑稽模仿，因为悖谬就是悖谬，"正因其荒谬"。冒犯处于悖谬之外，它有一种概率上的可能性，但悖谬出现的几率却是最小的[12]。再说一遍，理智并没有发现这一切，它只是在重复着悖谬，尽管这一点看上去十分奇怪。悖谬认为，喜剧、小说和谎言从概率上讲是可能的[13]，可是"我"如何可能呢？冒犯处于悖谬之外，这一点毫不奇怪，因为悖谬就是奇迹。理智并没有发现这一切，相反，正是悖谬使之成为众矢之的，并且这样回答：如你所说，令人惊讶之处在于，你认为这是一个反驳；但是对于我来说，从伪君子口中说出的真理比从天使和使徒那里听到的更可爱[14]。当理智与悖谬相比而炫耀自身的时候，这悖谬是最低下、最被人瞧不起的，这一切并非理智的首创，悖谬自身才是，它把所有的光彩都移交给了理智，甚至包括光彩夺目的恶[15]。当理智对悖谬表示同情并且想帮它找到一个解释的时候，悖谬无法容忍此事，但会认为理智如是为之是正常的，因为，这不正是我们的哲学家们存在的理由吗——把超自然的东西变成日常的、乏味的东西[16]。当理智无法让悖谬进入自己的头脑之时，那是因为理智没有发现悖谬，但悖谬本身，它悖谬性十足，厚颜无耻地把理智称为笨蛋和傻瓜[17]，他们充其量可以就同一件事既说是又说否，而这不是好的神学[18]。冒犯的情形亦然。冒犯就悖谬所说的一切是它从悖谬中学到的，尽管它利用了一个幻听而坚持说这一切是它自己的发明。

* * * * *

可是也许有人会说："你真无聊，我们听到的还是老一套。你放入悖谬口中的所有说法根本就不属于你"。

"它们怎么会属于我，既然它们原本隶属于悖谬呢？"

"你可以把这些诡辩省下来,你知道得很清楚我指的是什么。这些说法并不属于你,它们家喻户晓,而且每个人都知道它们属于谁。"

"亲爱的朋友,你所说的这一切并不像你想象的那样会刺痛我,相反,它使我感到异常高兴。我承认,当我写下这些的时候,我曾颤抖不已,我简直认不出我自己了,我这么一个焦虑而胆小的人竟然敢写出这样的话。不过,假如这些说法并非出自我,你能否告诉我,它们出自谁人之口呢?

"再没有比这更简单的了。第一个来自德尔图良;第二个来自哈曼;第三个还是哈曼;第四个是拉克坦修,它总是被重复;第五个来自莎士比亚的喜剧《皆大欢喜》,第二幕第五场;第六个出自路德;第七个则是李尔王的一句台词。你看,我是懂行的,我知道如何捉脏。"

"的确如此,我看得很清楚。不过,可否告诉我,是不是所有这些人并未谈及悖谬与冒犯的关系,而且请你注意,他们并不是感觉受到了冒犯的人们,而是与悖谬紧紧相连,只是他们说起话来仿佛受到了冒犯似的。冒犯再找不出比这更鲜明的表现方式了。这一点难道不奇怪吗?以此方式,悖谬剥夺了冒犯的生计,把它变成了一桩没有利益的营生,它不会因自己的麻烦而收取任何报酬。这一切如此奇特,就像一个竞争对手于漫不经心之中没有攻击作者反而为他辩护一样。你不这样认为吗?不过冒犯倒也有一个好处,它使差别更为清晰地显现了出来。这是因为只有在那种幸福的激情当中,这激情我们至今尚未命名,差别和理智才会和谐相处。为了与某个第三者相统一,差别是必需的。但是,这差别恰恰就是这样:理智放弃自身,并且悖谬奉献自身(一半是她拽的,一半则是他自己沉下去的),[19]它们之间的相互理解就处于幸福的激情之中,这激情看来该有个名字,不过就整个问题而言它最无关紧要。虽然我的幸福并无任何称谓,但是当我感到幸福的时候，我别无他求。"

题解

"愤慨"原文为 Forargelse，有"丑闻"、"愤怒"、"义愤"的意思，英译为 Offence。这是《新约》中的经典概念之一，古意为"犯罪的原因"，即"绊脚石"（Stumbling Block），其动词还有"犯罪"、"冒犯"、"侵犯"的意思。

"幻听"原文为 Et akustisk Bedrag，直译为"听觉上的欺骗"。

注释：

［1］丹麦语 Lidende 是多义词，主要用法有：①受疾病、尤其是痛苦的疾病折磨的状态；②遭受各种各样的艰难困苦（比如损害、匮乏等）的折磨的状态；③在语法现象中表示被动状态。结合上下文的意思，这里取第 3 种意思，将之译为"承受的"，以区别于"行动的"。"承受的"就有"遭受的"、甚至"受苦受难的"意思，同一语词在不同语境下表达的不同意思之间的微妙关系值得玩味。

［2］"感动"原文为 Affect，该词在 18 世纪应用很广，表示"情绪"和"情感活动、尤其是剧烈的情感活动"等。现在除了在哲学中使用外几乎不出现在日常用语当中。

［3］"自身和谬误的标记"原文为拉丁文 index sui et falsi。该术语很可能出自斯宾诺莎《伦理学》的第二部分，后作为表述真理的标准而广泛地出现在哲学著作当中。

［4］"自身和谬误的标记和评判"原文为拉丁文 index og judex sui et falsi，其中 og 是丹麦语，意为"和"。

［5］原文为 forarges，丹麦语中的被动形式。

［6］原文为 tage Forargelse。

［7］原文为希腊文 σκανδαλιζεσθαι。

［8］原文为希腊文 σκανδαλον。

［9］语出《哥林多前书》第 1 章第 23 节："我们却是传钉在十字架的基督，在犹太人为绊脚石，在外邦人是愚拙；……"

［10］楷体字"观望"（se det an）和"具有重要意义"（anselig）是克尔凯郭尔利用同一字根所做的文字游戏。

［11］"正因其荒谬"原为拉丁文 quia absurdum，这是对德尔图良在《论基督之死》（De carne Christi）中所表达的意思的格言化的表述。德尔图良这样写道："上帝的儿子被钉死在十字架上，这不是耻辱，因为它正是一桩耻辱；上帝的儿子死了，这一点真实可信，因为它不可思议；他被埋藏后又复活了，这是确实的，因为它是不可能的。"（Crucifixus est dei filius；non pudet, quia pudendum est；et mortuus est dei filius；prorsus credibile est, quia ineptum est. Et sepultus resurrexit；certum est, quia impossibile est.）

德尔图良（Quintus Septimius Florens Tertullian［us］, 155—240），出生于北非迦太基，著名的教父哲学家，他划分了希腊哲学与基督教信仰之间的界限。

［12］"概率上的可能性"、"几率"原文为 Sandsynlighed。

［13］语出哈曼 1759 年 7 月 16 日在柯尼斯堡写给他的兄弟的一封信。信中这样写道：Ist es nicht ein alter Einfall, den du oft von mir gehört：Incredibile sed verum Lügen und Romane müssen wahrscheinlich seyn, Hypothesen und Fabeln；aber nich die Wahrheiten und Grundlehren unseres Glaubens.（verum：拉丁文，表示"不可思议但却是真的"）

哈曼（Johann Georg Hamann）（1730—1788），德国作家、哲学家，出生并成长于柯尼斯堡，康德的朋友，以反对启蒙时代的片面的理性主义思想而著称，著作较为晦涩。

［14］语出哈曼 1759 年 10 月 12 日在柯尼斯堡写给他的朋友林登的一封信。信中这样写道：und Ich höre öfters mit mehr Freude das Wort Gottes im Munde eines Pharisäers, als eines Zeugen wider seinen Willen, als aus dem Munde eines Engels des Lichts.

［15］"光彩夺目的恶"（splendide Synder）之后附有拉丁文 vitia splendida，语出 Virtutes paganorum splendida vitia（异教徒的美德是光彩夺目的恶）。邓尼曼的哲学史认为，这个意思、而非原话最早出自奥古斯丁的《上帝之城》（De civitate dei），而拉丁语修辞学家和作家拉克坦修（Lucius Ccilius Lactantius Firmianus, 250—325）在《神圣组织》（Institutiones divinae）一书当中对此亦有展开。

［16］见莎士比亚喜剧《皆大欢喜》第 2 幕第 3 场中 Lord Lafeu 的台词。在克尔凯郭尔所阅读的德译本中，这一场被错误地写为"第 2 幕第 5 场"。德译本中的台词是这样的：Man sagt, es geschehn keine Wunder mehr, und unsre Philosophen sind dazu da, die übernatürlichen und unergründlichen Dinge alltäglich und trivial zu machen.

［17］根据下文，此语当出自德国宗教改革者路德，但研究者并未找到出处。

［18］见莎士比亚悲剧《李尔王》第 4 幕第 6 场李尔王的台词：Ja und Nein zugleich, das war keine gute Theologie.

［19］括号内原为德文 halb zog sie ihn, halb sank er hin。语出歌德叙事短诗《渔夫》（*Der Fischer*），故事大意是：一只美人鱼跃出海面责备渔夫，说他只知道钓鱼，而不知道享受大海给予人的幸福。

第四章　当代弟子的状况

于是神以教师的身份出场了（我们将在此继续我们的创作）；他假扮为仆人。把一个他者、一个受到高度信任的人置于他的位置之上不能使他满意，就像一位高贵的国王不会满意于把一个最受信任的人置于其王国之中一样。不过神还有另外一个根据，在人与人之间苏格拉底式的关系是最高的、最真实的关系。假如神本人并未到场，那么一切都将成为苏格拉底式的，我们就不会遇到瞬间，而且还会错失悖谬。不过，神的仆人形象绝非伪装，而是一个真实的形象；它绝非"表象躯体"[1]，而是一个实在的躯体。从神以全能的爱做出全能的决断成为仆人的那一刻起，可以说他在他自己的决断之中被俘获了，现在他非得坚持下去（我们在此将采用不十分严格的语言），不管他愿意与否。他不能背叛自己，他并无此种可能性，就像那高贵的国王突然显现出自己毕竟还是国王一样。对国王来说，这一点（拥有这种可能）并非完美，它只显示出了他的无能为力和他的决断的无力：他没有能力真正成为他想成为的样子。尽管神不可能将任何他者置于自己的位置之上，但他却可以提前派出一个能够让学生警觉的人[2]。这位先行者对于神所要传授的东西自然一无所知；相对于神的教导而言，神的出场不是偶然事件，而是本质事件。神以人的形象、也就是说以低下的仆人形象出场本身就是一种教导，并且神还必须亲自给予条件（参第一章），否则学生不可能理解任何东西。只有通过这样的一位先行者，学生才会有所警

第四章 当代弟子的状况

觉，不过仅此而已。

不过，神扮作仆人的形象不是为了和人们开玩笑，他的意图也不是说他到人世间走一趟而不让任何人知道。想来他会让关于自身的某些东西得到理解，尽管为了顺应这种理解而做出的所有努力都无法从本质上帮助那个未曾接受条件的人，因此这样的努力只是违背其意愿地在强迫他，它像把学生拉近那样地与之疏远了。他降格扮为仆人，可是他的出场并不是为了服务于某个特定的人，做着自己的"事"但却既不让他的主人、也不让同伴们知道他究竟是何许人；我们不敢把这样的愤怒加诸于神。他的仆人形象只意味着他是一个低下的人，一个既没有上好的衣服[3]、又没有其他世俗的优势使其从众人之中突显出来的低下的人。他没有与其他人区分开来，甚至当他降格为仆人的时候，他身后不计其数的天使们也没有看出他与其他人的区别[4]。尽管他是个低下之人，他的忧虑却与人们通常所有的不同。他将走自己的路，不为世俗财产的分割而操心[5]，就像一个一无所有且不想拥有任何东西的人一样；他不为自己的食物发愁，就像天空的飞鸟[6]；不为房子和家发愁，就像那些居无定所但却并不寻求它的人一样。他不关心陪伴死者到坟墓[7]；不回头追求那些吸引了常人的注意力的东西[8]；不与女人有染，为她所俘获而想取悦于她[9]；他关切的只是弟子的爱[10]。所有这一切看起来十分美好，不过它们是否恰当呢？他是否超越了常人的生存状况呢？一个人像飞鸟一样无忧无虑，甚至不用像鸟儿那样四处觅食，因为他根本就不用为明天发愁[11]，这是正确的吗？我们不可能以其他的方式来塑造神，可是我们的创作能证明什么呢？这种四处飘荡、每晚停留在所到之处的方式是否被允许？问题是，一个人真敢这样表现自己吗？不然的话，神就没有实现人性。如果他真能做到，他是敢于这么做的。如果他在服务于精神的时候迷失了自己，以至于他从来都没有过问吃喝问题，而且他可以肯定，这种匮乏不会使他分心，苦难也不会困扰他的身体并且使他后悔，也就是说，直到他想去理解更多的东西的时候，他才理解了孩提时代所学到的东西。如果他真敢这样做的话，他的建树就比百合花的安详自若[12]更为壮丽。

于是，凭借升华了的对所行之事的专注，教师吸引了众人的注意，其中学生可能会被发现，而这样的人最可能来自地位较为低下的人群。因为那些聪明的和有学问的人会首先向他提出刁钻古怪的问题，邀请他参加学术研讨会，或者扔给他一个测试，然后才确保他有一个固定的职位和一个谋生之道。

我们就让神在他出场的那座城市中（究竟是哪一座城市则无关紧要）四处活动[13]。只有他传授的道才是他唯一的生活必需品，是他的日常饮食[14]；教导人们是他的工作，关心学生是工作后的休息[15]。他没有朋友，没有亲人，可是学生就是他的兄弟姊妹[16]。很快地，这一点很容易理解，关于他的名声四处传开了[17]，它将把好奇的众人引入陷阱。无论这教师在何处现身，都会被众人包围着[18]，他们好奇地看、好奇地听，想急切地告诉别人他们的所见所闻。这些好奇的民众算得上学生吗？绝对不是。或者假如说某座城市中的一位钦定教师秘密地到神那里，用辩论的方式来测试他的力量[19]，那人算是学生吗？绝对不是。如果这帮乌合之众或那个钦定将教师会学到点什么的话，神在纯粹的苏格拉底的意义上来说就只不过是个偶因。

现在，神的出场成了当天在市场上和每家每户、会堂和统治者的宫殿里的一则新闻[20]，它成了许许多多无聊闲谈的由头，也许还是那些严肃反思的由头。可是对于学生来说，这则新闻并不是某种东西的由头，甚至都不是他怀着苏格拉底式的诚实而沉潜于自身之中的偶因。相反，这就是永恒，是永恒的开端。这则当天的新闻就是永恒的开端！如果神让自己出生在一家小客栈，用破布包裹起来，放到马槽里[21]，这是一个比"当天的新闻是

第四章 当代弟子的状况

永恒的褴褛"更大的矛盾,但这就是他的真实形象,就像在假设的情况下一样,因此,瞬间实际上就是永恒的决断!假如神不给出理解这一切的条件,弟子无论如何也想不到这一点。而"神亲自给出条件"这一点我们此前是作为瞬间的后果而展开的,我们揭示出,瞬间就是悖谬,没有这一点我们无法向前,而只能返回到苏格拉底的立场。

在此我们一定要留心,一切都变得清楚起来,对于当代弟子来说还存在着一个历史的出发点的问题。假如我们在此不注意的话,后面的(第五章)困难将会变得无法解决,在那里我们将论及我们所称之为的"再传弟子"的情况。当代弟子同样有一个关于永恒意识的历史出发点的问题;因为他与那个历史事件同时共在,这历史事件不会成为偶因的瞬间,而且它之于当代人的兴趣不仅仅是历史性的,它将决定他的永恒福祉。这一点千真万确(让我们把结果颠倒过来),假如情况并非如此,那教师就不是神,而只是一个苏格拉底;而假如他并未像苏格拉底那样行事,他甚至连苏格拉底也算不上。

那么,学生怎样才能与悖谬和谐相处呢?我们并没有说他将会理解悖谬,而只是说他明白这一切就是悖谬。这一切将如何发生呢?我们已经指出,它发生于理智与悖谬幸运地在瞬间之中相遇的时候;发生在理智让路、悖谬自由释放自己的时候;当其发生之时的第三方(因为这一切既不因理智而发生——理智被遣散了;也不因悖谬而发生——悖谬放弃了自己;因此它就是因别的东西而发生)就是幸福的激情,对此我们尚未命名,尽管对我们来说问题并不在于一个名字。这激情我们要称之为信仰。这激情很可能就是我们所谈到的由悖谬给出的那个条件。让我们不要忘记,假如悖谬不用给出条件,则学生原本就拥有之;可假如他原本拥有该条件,那他自己因此就是真理,而瞬间只不过是偶因的瞬间(参第一章)。

当代的学生很容易获得所有的历史信息。不过我们不要忘了，在事关神的出生的问题上，他与再传弟子的情况是一样的。因此，如果我们要强调这一历史知识的绝对准确性的话，我们只能得到一个人的准确情况，也就是那个生育了他的妇人。当代学生很容易成为历史的见证人，可是不幸也正在于此——了解历史的细节、以见证人的可靠了解所有这一切并不能使见证人成为弟子。由此观之，这样的知识对他来说只是历史事件。这一点直接表明，在更具体的意义上说，历史事件是无关紧要的。在此我们可以让无知介入，让无知在某种程度上历史性地毁掉那个历史事件，将其一条条地毁掉；而只要瞬间仍然作为永恒的出发点存在，那个悖谬就是在场的。

假如有一个当代人，他为了追随那位教师而把睡眠时间减到了最低，他与那位教师形影不离，其紧密程度胜过了紧跟鲨鱼的一种小鱼[22]。假如他动用了上百个间谍为他服务，他们无处不在地秘密监视着教师，而他本人每天晚上都要向他们请教，结果他知道了有关教师的每一个细节，知道了他所说的话，知道他一天中的每个小时在什么地方，因为他的热情使他甚至将最无意义的东西都视为是至关重要的。这样的一个人物算得上是弟子吗？绝对不是。假如有人指责他缺乏历史可靠性，他会推卸责任[23]，仅此而已。假如另外一个人，他只关心那位教师不时传授的东西。假如从教师口中说出的每一个字对他来说都比每日的食物更为重要[24]；假如他动用了百十来号人去捕捉那位教师所说出的每一个字节，以便不浪费一丁点儿东西[25]；假如他小心翼翼地求证于这些东西，想以此得出一个关于其所授之道的最为可靠的版本，他因此就算是弟子了吗？绝对不是，就像柏拉图只是苏格拉底的弟子一样。假如有一个当代人，他曾在国外生活，直到那教师的生命还剩下最后一两天的时候才返回故乡。再比如他因为生意的缘故，直到那教师快要咽气的最后一刻才得以相见。如果瞬间对他来说就是永恒的决断的话,这种历史的无知会阻止他成为弟子吗?对于第一位当代人来说,那个人的生活仅是一个历史事件。对于第二位而言,那教师所传之道是他理解自身的偶因,而他则应该忘掉那位教师(参第一章);因为比之于永恒对自身的理解,关于那教师的知识只是偶然的、历史的知识,它事关记忆。只要永恒性与历史性彼此分立,历史事件就只是一个偶因。假如有个热情洋溢的学生[26]——他并没有努力要成为弟子,假如他高谈阔论说他欠了那教师些什么,结果他的颂辞几乎无法终止,其间的溢美之辞几乎无法评价。那么,倘若我们试图向他解释,那教师只不过是偶因,他定会生我们的气。不过,无论是他的颂辞还是他的愤怒对我们的反思都没有任何益处,因为二者有一个共同的根源:他并无勇气去理解,但却不会缺少一种鲁莽劲去"超越"。像他那样大吹大擂,人们只能欺骗自己和他人,假如他能说服自己和他人他真有些思想——既然他要将之归功于另一个人。虽说一般而论礼貌无需破费,不过这个人的礼貌却是花了大价钱的,因为这种饱含泪水的或者把他人感动得流泪的热情洋溢的感激之辞是一种误解,这样的人所拥有的思想不能归功于他人,更别提那些空洞浅薄的言谈了。唉,多少人礼貌地把一切归功于苏格拉底,尽管他并不欠苏格拉底任何东西!因为那个最理解苏格拉底的人所理解的恰恰是他什么都不欠苏格拉底,苏格拉底希望的也是这个样子,而且能够这样希望也是美好的。那个自认欠了苏格拉底很多的人可以相当肯定地认为,苏格拉底将会很高兴地免去他的学费,因为苏格拉底肯定会沮丧地意识到,他本该给当事人一些流动资金以供利用。反之,假如这里的情况并非如我们所假设的是苏格拉底式的,那么弟子就该将一切归功于教师(这一点人们不可能归功于苏格拉底,既然正如他自己所说的,他不能生产),而且这种关系不能以大吹大擂的方式来表现,而只能在幸福的激情当中表达,我们称这激情为信仰,其对象是悖谬，而悖谬又恰好统一了矛盾——这悖谬就是历史事件的永恒化和永恒的历史化。每一个对悖谬做另类理解的人将保留解释它的荣耀，这荣耀是以他不愿停留在理解的阶段的方式而获得的。

于是我们很容易看到（顺便说一句，如果"理智被遣散"的涵义需要被揭示的话），信仰不是认知。因为所有的认知或者是对永恒的认知，这种认知把时间性和历史性当做无关紧要的东西而排除在外；或者是纯粹的历史性认识。没有任何一种认识能够以"永恒性即历史性"这个荒谬的说法为对象。假如我要了解斯宾诺莎的学说，那么在我去认识的那一瞬，我并不是忙着与斯宾诺莎这个人、而是与其学说打交道，但在另一个时候我则是在历史性地和他打交道。相反，一个弟子与那位教师之间的关系以信仰为维系：他永远都是在与那教师的历史性存在打交道。

我们现在假设，事实正如我们所假设的那样（否则我们就要返回到苏格拉底的立场），那教师亲自给予学生以条件，于是信仰的对象也就不再是道，而是教师[27]。苏格拉底的立场恰恰在于，学生并不需要教师，因为他本人就是真理并且拥有条件。这的确就是苏格拉底式的艺术和英雄主义，是它们协助人们得以实现这一点。因此，信仰必须时刻紧紧抓住教师。可是为了能够给出条件，这教师必须是神；而为了让学生掌握这条件，他又必须变成人。这个矛盾就是信仰的对象，同时也是悖谬，是瞬间。神一劳永逸地把条件给予人，这是苏格拉底式的永恒的前提；这前提不会敌对地与时间相遇，它也不能用时间范畴来衡量。可是这里的矛盾在于，学生是在瞬间中获得该条件的，因为这是一个事关对永恒真理的理解的条件，正因为如此，它就是永恒的条件。假如事实并非如此，我们便停滞在苏格拉底的回忆说之中。

我们很容易看到（顺便说一句，假如"理智被遣散"的后果需要被点明的话），信仰并不是意志的行为，因为人的意志只能在某个条件之内才能达成。举个例子，假如我有勇气意愿那个条件，我就理解了苏格拉底的原则，也就是说理解了我自身，因为从苏格拉底的立场出发，我本已掌握了条件，所以现在才能要求之。可是假如我并未掌握那个条件（我们假设这一点是为了不返回到苏格拉底的立场），那么我的意志根本就不起任何作用，尽管一旦条件被给出，适用于苏格拉底原则的东西在这里也是有效的。

  当代的学生拥有一个优势，对此那些后继者们——如果他们想做点什么的话——肯定会非常嫉妒。这个当代人可以走上前观察那教师，不过他敢相信自己的眼睛吗？当然了，为什么不呢？可是，他敢由此相信他就是弟子了吗？绝对不敢。假如他相信了自己的眼睛，他就受到了蒙蔽，因为神是不能直接被认识的。他是否该闭上眼睛呢？完全正确，不过这样一来，他作为当代人又有何益处呢？假如他闭上眼睛，他可能会去想象神的样子。而假如他自己能够这样做的话，他就掌握了条件。他所想象的应该是为灵魂的心眼所展示的一个形象，他看着它，但只要他一睁开眼睛，那个仆人的形象就会不可避免地困扰他。让我们继续下去吧。我们都知道，那教师是有死的。他死的时候，他的当代人将做些什么呢？也许他已经为那教师画了像，甚至或许已经攒了一整套这样的肖像，它们描绘了并且准确地再现了那教师因年龄和心态变化而引起的外表上的每一个变化。当他观察这些肖像并且确信，那教师看上去就是这个样子，他敢相信自己的眼睛吗？当然了，为什么不呢？可是他是否由此而成为弟子了呢？绝对不是。人们可能会想象神的样子，但是神是不能被想象的，这也就是他为什么要以仆人的形象出场的原因。不过这个仆人的形象并不是伪装，果若如此，那个瞬间也就不再是瞬间，而只是一种偶然，一个表面现象，在与永恒相比时它将作为偶因永远地消失。假如学生依靠自己就能想象这一切，则他已经掌握了条件，于是他只需被提醒，他可以如此这般地去想象神的样子，尽管他本人并未意识到这一点。可是倘若事实如此，这提醒就会像原子一样即刻消失在原本居于他灵魂内的永恒的可能性之中，这可能性就要成为现实性，而作为现实性它永远地设定了自身。

那么，一个学生将如何成为信仰者或者弟子呢？当理智被遣散而且他获得条件之时。他何时才获得条件呢？在瞬间之中。是什么制约着那个条件呢？他对永恒的理解。可是这样的条件必是一个永恒的条件。因此，他将在瞬间之中获得永恒的条件，他知道这一点是因为他在瞬间中已经获得了这条件，否则他只需记起，他从来就拥有该条件。他将在瞬间中获得条件，并且从那教师本人手中获得。所有的大吹大擂都在说，尽管他并没有从教师手中获得条件，但他还是足够狡猾地发现了神的伪装：他凭自己就可以感觉到那伪装，因为每一次他看到那教师的时候他都会觉得有些奇怪；在那教师的声音、面容等等之中有着某种东西。这是一派胡言乱语，这种人不能成为弟子，他是在亵渎神①。那个形象绝非伪装，当神出于全能的决断而欲成为与最低下者平等的人的时候，这决断就是爱，无论是酒吧老板还是哲学教授都不应想象，假如不是神自己给出条件的话，他会聪明到能够感觉到点什么的地步。当神以仆人的形象伸出一只全能之手的时候，惊异地盯着这只手看的人既不应当因为他的惊异，也不应当因为他能够把其他同样对他所讲述东西感到惊异的人召集在他身边而想象自己就是弟子。假如神本人没有给出条件，那么学生从一开始就应该知道神的情况是怎样的，尽管他并未意识到他知道这些，而

---

① 所有想使神成为可直接认识的规定性无疑都是近似法的里程碑，它不是前进而是后退，不是冲着悖谬而去，而是从悖谬那里返回，并且返回时经过了苏格拉底以及苏格拉底的无知。这一点应该引起人们的警觉，以便在精神的世界里不要发生类似某个旅行家的事件[28]。他曾问一个英国人，这条道路是否通往伦敦，而那人回答他说：当然了。可是他永远都到不了伦敦，因为那英国人没告诉他，他应该掉转身子，因为他恰恰走在与通往伦敦相反的方向上。

第四章　当代弟子的状况

那另一种情况则不仅不是苏格拉底式的,而且远远不如它。

不过对于弟子来说,神的外在形象(不是细节)并非无关紧要。重要的是弟子亲眼看到的和亲手摸到的[29],形象的重要性并不是说,假如有一天他在街上看到神而没有马上认出他,或者甚至从他身边走过而没有觉察出那就是他[30],因此他就不再是信仰者了。神给予弟子以条件去看,让他睁开了信仰的眼睛。关注外在的形象是桩可怕的事:把他视为是我们当中的一分子,在信仰未到场的每一时刻,人们看到的只是仆人的形象。当教师死去并且离开他的弟子之后,记忆能够完好地将他的形象带出,但是他并非因此而信仰,他信仰是因为他从教师手中接受了条件,所以他再次在记忆可靠的图像中看到了神。因此,那个懂得若没有条件他什么都看不见的弟子最先懂得的就是,他本人即是谬误。

可是这样一来信仰不就像悖谬一样具有悖谬性了吗?完全正确。否则信仰如何能够既以悖谬为对象、又与之保持一种幸福的关系呢?信仰本身就是一个奇迹,所有对悖谬有效的东西对信仰也有效。不过在这个奇迹的内里,所有的关系仍是苏格拉底式的,以此方式,这一奇迹——永恒的条件在时间中被给出——永远都不会被消解。所有这一切都是苏格拉底式的,因为在当代人之间,就其同为信仰者而言,他们的关系是苏格拉底式的,其中的一个什么都不欠另一个,他们的一切都归功于神。

* * * * *

也许有人会说:"这样看来,当代人并没有获得任何优势。不过,假如我们认可你就神的出场所做的假设的话,那么很自然的,人们会把曾亲眼见过、亲耳听过的当代人视为是有福的一族。"

"的确，这样想再自然不过了，以至于我都在想，这代人肯定也自视是有福的。我们就这样假设吧；否则，这代人就不是有福的，而我们的赞美也就只是在说，在同样的环境下人们可以通过不同的行动而变得有福。可是果若如此，当我们进一步思考它的时候，这赞美就会变得非常不同，它最后或许完全变得模棱两可。比方说，我们可能都在古史中读过[31]，有一位皇帝连续八天庆祝他的婚礼，其喜庆无与伦比。为了升华在极度的富足之中昂贵地提供给大家的东西，人们吸进的空气中都弥漫着好闻的香味，耳朵不断地感觉到竖琴和歌声的颤动。日日夜夜，因为夜晚被火炬的光芒照得如同白昼，可是不管人们借日光还是借火炬来看皇后，她都比任何一个凡尘女子更加美丽优雅。这一切是一个魔术，就像最为大胆的愿望得到了更为大胆的实现一样地奇妙。让我们假设，这一切确实发生了，但我们只能满足于有关发生之事的固定的几条信息。那么，从人的角度出发，我们为什么不把那些当代人视为是幸运的呢？那些当代人，也就是说那些曾看到、听到并且用手摸到了的人们；不然的话，作当代人有什么优势呢？皇帝婚礼的壮观和富足的享乐当然是直接可见可感的，因此，严格意义上的当代人肯定已经看过并且在内心里体验到了那份快乐。可是如果我们这里说的是另一种类型的壮观，它不是直接可见的，那么作当代人有何优势呢？一个人并非因此就能与这种壮观同时共在。人们不能称这样的一个当代人有福，或者称赞他的眼睛和耳朵，因为他并没有与那壮观同时共在，他既没有看见也没有听到，而这其中的根源并不在于说时间和时机（在直接性的意义上）拒绝了他，而在于别的什么东西，某种可能缺少了的东西，尽管他的在场在很大程度上有机会去看去听，尽管他（在直接性的意义上）并非没有利用这一优势。可是，这是什么意思呢？一个人可以是当代人却又并没有与之同时共在，相应的，一个人能够成为当代人，可是他（在直接性的意义上）

却是一个非当代人，尽管他一直在利用那个优势？这意思不是别的，而是在说一个人根本不可能直接地与这样的一位教师及事件同时共在，因此，真正的当代人不是因为直接的当代性而为之，而是因为别的原因。于是我们说，一个尽管在当代的人可以是非当代人；真正的当代人并非由于直接的当代性而为之，因此，非当代人（在直接性的意义上）也可能因其他的原因而成为当代人，以此这当代人将成为真正的当代人。可是，非当代人（在直接性的意义上）也就是后继者，他们可以成为真正的当代人。或者，这就是'作为当代人'吗，这样的一个人就是我们所赞美的当代人吗，就因为这人会说：我曾跟他一起吃喝，那教师在我们的街道上传过道。我多次见到过他，他是一个不起眼的出身卑下的人，只有少数几个人相信在他身上可以找到非凡的东西，对此我一点儿都看不出来。尽管当涉及到与他同时共在的问题的时候，我可以跟别人一样成为与他同时共在的人。或者，这就是'作为当代人'，这样的人是当代人吗？假如神与他在来世相遇，假如他提及其当代性，神会对他说：'我不认识你。'[32]同样真实的是，那个当代人也不认识教师，对此只有从教师本人手中接受了条件的信仰者（即不是直接性意义上的当代人）才能做到，因此他才认识教师，如同教师知道他一样。"[33]

"请停一下。假如你继续这样讲下去，我可是一个字也插不进去，因为你讲起话来就好像博士论文答辩似的。的确，你旁征博引，可你的不幸是，你所引证的是一部非常特殊的书。还是那句话，不管你有意无意，你都用了一些既不属于、又不是你放到说话人口中的词，这些词人人皆知，只不过你没有用复数而是用了单数形式罢了。《圣经》中的段落（因为这些词来自《圣经》）听上去是这样的：我们跟他一起吃喝，他在我们的街上传道；我告诉你，我不认识你。可能就是这样。不过你不要从那教师所回答的'我不认识你'这话当中推出过多的东西，你是不是想得出结论说那人并没有与教师同时共在,而且他也并不认识那教师?假如你提起的皇帝对一位宣称见识过其壮丽婚礼的人说'我不认识你',皇帝以此证明了那人并非亲自到场吗?"

"那皇帝绝没有证明什么,他至多只证明了,他是一个傻瓜,他甚至不愿意像米特拉达悌那样满足于知道每一个士兵的名字[34],而是想认识所有的当代人,并且以此决定某个具体的人是否与之同时共在。皇帝是可以直接认识的,因此每个人都能认识皇帝,尽管皇帝并不认识他们。可是,我们这里所谈论的那位教师是不能直接认识的,只有当他本人给出条件的时候才行。而那个接受条件的人是从教师本人手中接受的,因此,那教师应该认识每一个认识他的人,每一个单一者只有以他被教师认识的方式才能认识教师。或许你立刻明白了我们以前说过的话?如果一个信仰者之为信仰者,并且他认识神是通过从神本人那里获得条件,那么,后继者也应该在完全相同的意义上从神本人那里接受条件,而不能间接获得。因为果若如此,那个间接者就应该是神本人,而这样一来,直接、间接的问题也就根本不复存在了。可是如果后继者从神本人那里获得条件,则他就是当代人,真正的当代人,只有信仰者以及每个信仰者才能做到这一点。"

"我想这些我都懂了,既然你这样说了。我已经预见到了那些深远的后果,尽管我惊讶于我竟然没有亲自发现这些,而我愿意付高价成为这一切的首创者。"

"可是为了彻底地理解这一切,我愿意付出更多,因为我关心这一点胜过寻找首创者。我现在并没有完全理解这一切,我将利用下面这个机会显示出,我是多么地仰赖你的帮助,既然你已经完全理解了这一切。如果你允许的话,我将在此地给出一份目前为止对我所展开和理解了的东西的复制书——借用法学专家的术语。这份复制书将保证你本人的权利,并且声明你的反对;因为我要据此宣判你'经受完全永久的沉默的惩罚'[35]。直接的当代性只能是偶因。第一，它能够成为当代人获得某种历史知识的偶因。在这种情况下，亲历过皇帝婚礼的当代人要比与那教师同时共在的人更幸运，因为后者仅有机会一睹仆人的形象，至多再加上某件奇特的事迹，而他却无法确定，他对自己出丑这件事是该觉得羡慕还是该感到愤怒，因为他甚至不能让那教师像魔术师一样重复这一切，魔术师总会给观众一个机会嗅出所有戏法是如何做出的。第二，它能够成为当代人以苏格拉底的方式沉潜于自身之中的偶因。以此方式，那种当代性在与永恒相比的时候消失得无影无踪，而永恒是他在自身内部发现的。最后（这一点其实是我们为了不返回到苏格拉底的立场所做的假设），它将成为作为谬误的当代人从神手中接受条件、并且以信仰的眼睛观看其荣耀的偶因。这样的一个当代人是有福的！可是这样的当代人却并不是见证人（在直接性的意义上），而是作为信仰者、依其对信仰的亲见[36]才成为了当代人。在这种亲身经历之中，每一个非当代人（在直接性的意义上）都成为了当代人。又假如某个后继者，他或许为自己的迷狂所感动，从而希望成为当代人（在直接性的意义上），结果却被证明是个骗子，像那个冒牌的斯麦狄斯一样被认了出来[37]。他没有耳朵，也就是说信仰的耳朵，尽管他长着一对驴一般的长耳朵[38]，虽然他曾在场聆听（在直接性的意义上），但他却并没有成为当代人。假如某个后继者总是在吹嘘作为当代人（在直接性的意义上）的荣耀，同时又总是想离开此处，人们最好还是让他走吧。如果你看他，你会很容易从他的步伐和他踏上的那条路看出，他并没有走向悖谬所引出的恐惧，而是像芭蕾大师一般地跳开，以便能够及时赶上皇帝的婚礼。假如他竟然要给他的探险起一个神圣的名字，假如他竟然对众人宣讲共同利益，结果很多人都加入了远征的队伍，但是他根本没有发现圣地（在直接性的意义上）[39]，因为它既无法在地图上、也无法在尘世间被找到，他的旅行只是个玩笑，就跟那个"跟着一个人到祖母门前"的游戏一样[40]。无论白天还是黑夜他都不让自己休息；他撒谎比马跑还要有力[41]。可是他像捕鸟人一样迷茫地拿着粘鸟棒跑着[42]，因为如果小鸟不冲着他跑的话，就算拿着粘鸟棒跑也无济于事。

"只有在一种情况下我禁不住会认为当代人（在直接性的意义上）比后继者更幸运。我们假设，在那个事件与后继者的生活之间经过了很多个世纪，而人们对此事也谈论得很多很多，结果那些随意而不严密的言谈变成了虚假的、令人困惑的流言，对此当代人（在直接性的意义上）不得不忍受着。这流言不仅把树立一种正确关系的可能性弄得十分困难，而且还有更严重的后果，也就是说，从人类的可能性出发，在经过了数世纪的回响之后，就如同我们的有些教堂传出的回声一样，人们不仅靠闲聊信仰来打发时间，而且还把信仰变成了空洞无聊的闲谈。这一点是不可能发生在第一代人身上的，信仰在他们身上显示出了全部的原创性，信仰通过对比很容易从其他东西当中突现出来。"

注释

［1］"表象躯体"，原文写为 parastatisk Legeme（拉丁概念 corpus parastaticum）。术语出自基督教天使学说，认为天使是一种精神性的存在，但它必须借助肉体形象。该术语更常见于基督教早期关于耶稣的神性和人性之本质关系的争论，其观点是耶稣的人性只不过是一个"表象躯体"。

［2］指《约翰福音》第1章第6—7节："有一个人，是从神那里差来的，名叫约翰。这人来，为要作见证，就是为光作见证，叫众人因他可以信。"同时还可见第3章第28节，施洗者约翰说："我不是基督，是奉差遣在他前面的。"

［3］"上好的衣服"语出《路加福音》第7章第24—26节。耶稣对众人讲施洗者约翰的事并且问："你们从前出去到旷野，是要看什么呢？要看风吹动的芦苇吗？你们出去，到底是要看什么？要看穿细软衣服的人吗？那穿华丽衣服、宴乐度日的人是在王宫里。你们出去，究竟是要看什么？

要看先知吗？我告诉你们，是的，他比先知大多了。"同样的话还记于《马太福音》第 11 章第 7—9 节。

［4］"不可计数的天使"语出《马太福音》第 26 章第 52—53 节。其时耶稣已被犹大出卖，祭司长和长老们等已持刀棒来捉拿耶稣，而跟随耶稣的人抽出刀来保卫耶稣，但耶稣对他们说："收刀入鞘吧！凡动刀的，必死在刀下。你想，我不能求我父现在为我差遣十二营多天使来吗？"

［5］"分割家产"语出《路加福音》第 11 章第 13—15 节。"众人中有一个对耶稣说：'夫子，请你吩咐我的兄长和我分开家业。'耶稣说：'你这个人！谁立我作你们断事的官，给你们分家业呢？'于是对众人说：'你们要谨慎自守，免去一切的贪心，因为人的生命不在乎家道丰富。'"

［6］"天空的飞鸟"语出《马太福音》6：26—27。耶稣说："你们看那天上的飞鸟，也不种、也不收、也不积蓄在仓里，你们的天父尚且养活他，你们不比飞鸟贵重得多么？你们哪一个能用思虑使寿数多加一刻呢？"

［7］"不关心死者"语出《马太福音》第 8 章第 22 节。耶稣对一个欲埋葬其死去的父亲的弟子这样说："任凭死人埋葬他们的死人；你跟从我吧！"

［8］"不回头"（uden at vende sig om）语出《路加福音》9：62。有弟子要跟从耶稣，但提出要先辞别家人。耶稣回答说："手扶着犁向后看的，不配进神的国。"

［9］"取悦于她"语出《哥林多前书》第 7 章第 32—34 节。保罗说："没有娶妻的，是为主的事挂虑，想怎样叫主喜悦。娶了妻的，是为世上的事挂虑，想怎样叫妻子喜悦。"

［10］"关切的只是弟子的爱"可能语出《马太福音》10：37。耶稣说："爱父母过于爱我的，不配作我的门徒；爱儿女过于爱我的，不配作我的门徒；……"

［11］"不为明天发愁"语出《马太福音》第 6 章第 34 节。耶稣说："所以，不要为明天忧虑，因为明天自有明天的忧虑；一天的难处一天当就够了。"

［12］"百合花的安详自若"引申自《马太福音》6：28。耶稣说："何必为衣裳忧虑呢？你想野地里的百合花怎么长起来，他也不劳苦、也不纺

83

线；……"

[13] 据《路加福音》第 4 章第 16—30 节记述，耶稣首次传道的城市可能是他的出生地拿撒勒；《马可福音》第 1 章第 21—28 节认为是迦百农。此处有可能指的是耶稣曾多次传道的城市耶路撒冷。

[14] "日常饮食"可能引申自《约翰福音》第 4 章第 31—34 节。耶稣对弟子们说："我有食物吃，是你们不知道的。"弟子们认为有人给了耶稣些吃的，于是耶稣对他们说："我的食物是遵行差我来者的旨意，做成他的工。"

[15] "工作后的休息"可能引申自《创世记》2：3："神赐福给第七日，定为圣日，因为在这日神歇了他一切创造的工，就安息了。"

[16] "学生就是他的兄弟姊妹"语出《马太福音》第 12 章第 46—50 节。耶稣对众人说话的时候，他的母亲和兄弟站在外边想和他讲话。有人提醒耶稣，他却这样回答说："谁是我的母亲？谁是我的弟兄？"接着伸手指着门徒说："看哪，我的母亲，我的弟兄。凡遵行我天父旨意的人，就是我的弟兄姊妹和母亲了。"

[17] "名声"一词曾在《新约》中多次出现，指的是耶稣的名声。参《马太福音》第 4 章第 24 节；《马可福音》第 1 章第 28 节；以及《路加福音》第 5 章第 15 节。

[18] "众人包围他"在《新约》中多次出现，指众人跟随耶稣的情景。参《马可福音》2：13；3：30；4：1；5：31。

[19] "测试他的力量"语出《约翰福音》第 3 章第 1—21 节所记载的耶稣与法利赛人尼哥德慕夜间的论辩，尤其是章节的前两句，尼哥德慕夜间来见耶稣，说："拉比，我们知道你是由神那里来作师傅的；因为你所行的神迹，若没有神同在，无人能行。"

[20] 此处的"会堂"指犹太人会堂；"统治者"则同时指总督彼拉多和希律王。

[21] "用破布包起来，放在马槽里"典出《路加福音》第 2 章第 6—7 节对耶稣降生的描述："……马利亚的产期到了，就生了头胎的儿子，用布包起来，放在马槽里，因为客店里没有地方。"

[22] "紧跟鲨鱼的一种小鱼"很可能指引水鱼或者舟鲕，一种紧跟船

只或鲨鱼的小鱼。

[23]"推卸责任"是对 vaske sine Hænder（洗手）的翻译。这个短语出自彼拉多，他应那些受到祭司长和长老挑唆的犹太会众的要求把耶稣钉上十字架，但他认为自己对此并不负有责任。于是他当着众人的面用水洗了手，说："流这义人的血，罪不在我，你们承当吧。"见《马太福音》第27章第24节。

[24]"字比食物更重要"语出《马太福音》第4章第2—4节。耶稣在旷野中禁食四十天，魔鬼前来试探，说"你若是神的儿子，可以吩咐这些石头变成食物。"耶稣却引《旧约．申命记》第8章第3节中的话来回答说："人活着，不是单靠食物，乃是靠神口里所出的一切话。"

[25]"不浪费一丁点儿东西"（for at Intet skulde spildes）语出《约翰福音》6：12。耶稣用五只饼、两条鱼喂饱了五千人，之后他对门徒说："把剩下的零碎收拾起来，免得有糟蹋的（så intet går til spilde）。"

[26]"热情洋溢的学生"很可能指《会饮篇》中对苏格拉底大加赞扬的年轻的亚尔西巴德。

[27]这里的"道"原文为 Læren，"教师"原文为 Læreren。

[28]旅行者的故事出处不明。

[29]"亲眼看到和亲手摸到"语出《约翰一书》第1章第1节。其中有言曰："论到从起初原有的生命之道；就是我们所听见、所看见、亲眼看过、亲手摸过的。"

[30]"没觉察出"可能典出指《路加福音》第24章13—32节中的记述。两个门徒在前往一个离耶路撒冷约二十五里的村子的路上，突然遇到耶稣并与之同行，但却未能认出他来。直到吃饭时，耶稣拿起面包、祝谢后分给他们，他们的眼睛才亮了，认出了耶稣。

[31]古史的出处未查明。

[32]"我曾跟他一起吃喝……我不认识你"典出《路加福音》第13章第22—27节。耶稣在前往耶路撒冷的路上有人问他是否得救的人很少。他告诉众人要过"窄门"，并且预言说，当其之时众人叫主开门，主会说："我不认识你们，不晓得你们是哪里来的！"而众人会说："我们在你面前吃过喝过，你也在我们的街上教训过人。"这时他要说："我告诉你们，我

不晓得你们是哪里来的。你们这一切作恶的人，离开我吧！"

[33]"认识教师如同教师知道他一样"语出《哥林多前书》第13章第12节。保罗写道："我们如今仿佛对着镜子观看，模糊不清，到那时就要面对面了。我如今所知道的有限，到那时就全知道，如同主知道我一样。"

[34]米特拉达悌（Mithridates，公元前120—63），小亚细亚东北部的本都国（Pontus）的第六位国王，但人们一般称之为米特拉达悌大帝，他是罗马人在东边最可怕的敌人。研究者未找到文中故事的出处。

[35]"经受完全永久的沉默的处罚"原文为拉丁文 sub poena præclusi et perpetui silentii，这是一个法律术语。

[36]楷体"亲见"原文为 Autopsi。

[37]指假斯麦狄斯（Smerdis）的故事。他曾冒充国王凯姆比西斯（Kambyses）的兄弟，并于公元前522年成为波斯国王。一位后宫婢妾发现了他耳朵上烙有罪犯的印迹，从而识破了他。这段轶事载于希罗多德的《历史》第三册。

[38]"驴一般的长耳朵"意为"好奇"。

[39]"发现圣地"指公元11至13世纪基督教会发起的"十字军东征"运动。

[40]"到祖母的门前"是一种游戏，玩时先把一个人的眼睛蒙起来，转几圈，然后大家齐声问"祖母家的大门在哪里？"随后他被带到门前，背靠着门。这时他可以伸手抓他的同伴，他们则要从各个方向冲他喊叫迷惑他。

[41]"撒谎比马跑还要有力"（løber stærkere end en Hest kan løbe, og en Mand kan lyve）这里隐含着一个丹麦成语 lyve så stærkt, som en hest kan rende，逐字直译为"谎撒得比马跑还要有力"，引申意为"善于撒谎"、"天生的撒谎精"、"到处撒谎"。

[42]"拿着粘鸟棒跑"是对丹麦语成语 løbe med limstangen 的逐字直译，其引申意主要为"受骗"。"粘鸟棒"是一种带胶的由冬青属灌木皮制成的木棒，从前用来捕捉小鸟。

间奏曲

过去是否比未来更必然？或者：可能
通过变成现实是否比它之前更必然？

* * * * *

亲爱的读者！如今我们假设，那教师出现过，他死了，被埋葬了，于是在第四章与第五章之间将会有一段间隔。在喜剧当中也是这样，两幕之间会有许多年的间隔。为了暗示这段时间的逝去，人们有时会让乐队演奏一支间奏曲或者类似的东西，用填充这段时间的方式来缩短它。与之相仿，我也想用反思前面这个问题的方式来填充这段时间。这段间隔该有多长，这一点由你自己决定，不过如果你愿意的话，我们要亦庄亦谐地假设，这间隔恰好是一千八百四十三年[1]。你会看到，因幻觉之故我要多给自己一些时间，因为这一千八百四十三年在时间上有着罕见的优势，它很快就会把我置于困境之中，这困境与我们的哲学家身处其中的正相反对，对于他们而言，时间通常只允许做出暗示；它与历史学家所处的境地正相反对，对于他们而言，正是时间而非素材才使他们陷入困境。如果你发现我有点啰唆，是在就"同样的东西"说着同样的话[2]，请注意，你应该想到，这是因幻觉的缘故。那么我要请你原谅我的絮叨，并允许我以一种全然不同但却令人满意的方式向你解释一切，而不是假设说我认为这事的确需要反思，还有你的事，因为我怀疑你在这个方面并没有完全理解你自己，尽管我毫不怀疑，你完全理解并且接受了那种最新的哲学[3]，就像现时代一样，这哲学看起来正经受着一种奇特的分神，它混淆了写作的内容与标题。谁能像最新型的哲学和现时代那样不可思议、并且是不可思议地伟大呢？——一切尽在标题之中。

* * * * *
§1 生成

正在生成的东西将发生怎样的变化？换言之，生成所发生的"变化"（运动）是什么呢？所有其他的"变化"（性质变化）都预先设定[4]，那个历经变化的东西是存在的，尽管变化意味着这种存在的终止。生成并非如此。如果正在生成之物没有在生成的变化之中保持自身不变，那么它就不是这一个生成物，而是另外的一个，这里的问题也就成了"转向另一种概念层面"[5]。在这种情况下，发问者或者将从生成的变化中看到另外一种变化，这变化扰乱了他的问题；或者他在观察正在生成之物时犯了错误，因此他不便继续发问。假如有某种形式[6]，当其生成之时自身发生了变化，那么所生成的也就不再是那种形式；反之，若该形式在生成时没有发生任何变化，那么生成的变化是什么呢？生成的变化不在于本质，而在于存在；是从"非存在"到"存在"的变化。不过，这个被正在生成之物所抛弃的"非存在"也应该是存在的，否则，"正在生成之物在生成过程中不是保持不变"，除非它从来就没有存在过。而这样一来，所谓"生成的变化"也就再次因其他的根源绝对区别于所有其他的变化，既然这里根本就没有什么变化，而每一种变化总是有所预设。可是这样的一种实为"非存在"的"存在"，它就是"可能性"；而那种"存在"的"存在"也就是真实的存在，或曰"现实性"；那么，生成的变化就是从"可能性"到"现实性"的转换。

必然性能够生成吗？生成是一种变化，可是必然性却根本不会变化，因为它总是与自身相关联，而且是以不变的方式与自身相关联。所有的生成都是承受，而必然性却不会受折磨，不会经受现实性的痛苦折磨[7]，这也就是说，可能性（不仅是被排除掉的可能性，还有被认可的可能性）在成为现实的瞬间是作为"无"而显现自身的；可能性通过现实性而被终结了。通过生成，所有的生成之物证明了它不是必然的；唯一不能生成的东西便是必然性，因为必然性一直在着。

那么，必然性是否是可能性与现实性的统一呢？这话是什么意思？可能性与现实性的差别不在于本质，而在于"存在"；如此，我们如何能够从这种差异之中发展出统一性呢？这统一性就是必然性，它不是存在的规定性，而是本质的规定性，因为必然的本质是"存在"。在这种情况下，"可能性"和"现实性"通过生成为"必然性"而成为了一种全然其他的本质，那里没有任何变化，并且通过成为必然性或者必然的事物，它成为了唯一一个将生成排斥在外的东西，只是这一点既不可能，又自相矛盾。［亚里士多德的命题"这是可能的"，"这可能不是"，"这是不可能的"。[8]关于错误与正确的命题的学说（伊壁鸠鲁）[9]使这里的问题变得令人困惑，因为它反思的是本质而不是存在，其结果是，我们沿着这条道路在事关未来的规定性方面得不到任何东西］。

必然性完全依靠自身。与必然性相伴，则无物生成，就像必然性不是生成的或者某物不会因生成而成为必然的一样。无物生成，因为它是必然的；不过必然是存在的，因为它是必然的，或者因为必然在着。现实的东西并不比可能的东西更必然，因为必然与二者有着绝对的差别。（现在来看看亚里士多德就与必然的关系所提出的两种类型的"可能性"的学说[10]。他的错误在于他以这样的命题开始：所有必然的都是可能的[11]。而为了避免就必然性做出矛盾的、而且是自相矛盾的陈述，他勉强发展出两种类型的"可能性"，而不是揭示出他的第一个命题是错误的，因为"可能性"是不会就"必然性"做出任何断言的。）

生成的变化是现实性，此处的转换经自由发生。没有任何一种生成是必然的；在生成之前不是，果若如此，它就不能生成；在生成之后也不是，否则它也就不会生成了。

所有的生成均来自自由而非必然性；没有一种生成物的生成是出于某个根据，但却都出于某个原因[12]。每个原因都将终于一种自由运作的原因。那些处于中间地带的诸种原因所带来的幻觉是，生成看起来是必然的；但真实情况则是，那些已然生成之物必定要返诸一种自由运作的原因。一旦我们明确地去反思生成，即使是从自然法则中推导出的结论也无法解释生成的必然性。自由的显现也是如此，一旦人们拒绝受这种显现的欺骗而去反思自由的生成。

§2 历史

所有已然生成的东西，正因为如此，都是历史性的。尽管对此已经不能再做任何历史性的断言，可是具有决定意义的关于"历史"的断言就在于：它已经生成了。那个同时发生的生成（并排[13]，空间）只有这一种历史；尽管以此方式观之（全体地)[14]，除去一种精明的观点在特定意义上所说的"自然的历史"之外[15]，自然确是有历史的。

可是历史就是"过去"（处在"未来"边界上的"现在"尚未成为历史）；如此，假如人们不去思考那种精明的观点的话，人们如何能够说自然是历史性的，尽管它直接地在场？这里的难点在于，自然过于抽象，它无法在严格的意义上落入时间的范畴。这是自然的缺陷，从另一种意义上说，自然是没有历史的。而自然的完美性在于，它有一种对于历史的暗示（也就是说，自然已然生成，这就是"过去"；它在着，这就是"现在"）。反之，没有历史是永恒的完美性，而且它是唯一的绝对没有历史的存在。

不过，生成能够容纳一种双重性，即自身生成之中的一种生成的可能性。这里存在着严格意义上的在时间范畴之中的历史。这种与自然的生成有着某种共性的生成是一种可能性，一种对于自然来说就是其全部的现实性的可能性。不过有一点必须时刻牢记，真正的历史性的生成囿于某种生成之内。这种特定的历史性的生成将经由某个相对的自由运作的原因而生成，同时这个原因必定要返诸某个绝对的自由运作的原因。

§3 过去

已经发生的，就发生过了，它不能重新再来，因此它也不能有所变化（参斯多噶主义者克吕西波与麦加拉学派的第欧多罗的争论）[16]。这种不可变化性是必然的吗？"过去"的不可变化性经由某种变化、经由生成的变化而出现，因此这种不可变化性并没有排除一切变化，因为它未曾排除生成的变化；所有的变化只能这样（在时间范畴内）被排除：它在每一个瞬间被排除。假如人们愿意把"过去"视为是必然，那是因为人们忘了"过去"是已然生成的。不过，或许这种健忘也是必然的？

　　已经发生了的，其发生正如它的发生，因此它是不可变化的。可是这种不可变化性是必然的吗？"过去"的不可变化性在于，其现实的"如此这般"不能成为其他的样子，由此可以推论，其可能的"怎样"原本也不会成为别的样子[17]。反之，必然的不可变化性总是与自身相关联，而且是以一种固定不变的方式与自身相关联，它排除了所有的变化，它不会满足于"过去"的不可变化性。而"过去"的不可变化性不仅如其显示的处于一种它由之而来的先前的变化范畴之中，而且它甚至还应该处于一种扬弃了它的更高的变化的范畴中。（比如说，悔悟的变化希望扬弃某种现实性）。

　　"未来"尚未发生，但是它并不因此而较"过去"少些必然性，因为"过去"并不因为它已经发生而成为必然；相反，通过"已经发生"，它所表明的恰恰是它不是必然的。假如"过去"已成为必然，人们并不能由此就"未来"得出相反的结论；反之，人们将从中推论出"未来"也是必然的。假如必然性只能在唯一的一个点上出场，那么这里也就没有关于"过去"和"未来"的讨论了。预测未来（预言）和理解过去的必然性完全是一回事，只是操作的方式会让人觉得其中的一个比另一个更为可信。"过去"已然生成，这生成是因自由而生的现实性的变化。倘若"过去"已成为必然，那它也就不再隶属于自由了，也就是说，不再隶属于它由之生成的东西。这样一来，自由就会处于一种不利的境地，它既让人哭又让人笑，因为它承担了并不属于它的罪责，它把被必然性吞噬了的东西带了出来。自由本身成了一种幻觉，生成其实并不亚于这个幻觉。自由变成了巫术，而生成则成了虚假的警报[18]①。

§4 把握过去

作为空间规定性的自然只是直接性地存在着。时间范畴内的"存在"有着一种双重性,在作为"现在"之后,它能够作为"过去"而在。真正的历史总是"过去"(它逝去了;不论是几年还是几天前都没关系),并且它有着已经过去了的现实性。它"已然发生"这一点是确定的、可靠的;不过"已然发生"也正是其不确定性,这不确定性会一直阻止人们对"过去"做很久以来一直如此的把握。只有在确定性与非确定性的矛盾之中——这矛盾是"生成"的、因而也是"过去"的界限[24],"过去"才能得到理解。换一种方式来理解,这种解读误解了自身(它

---

① 惯于做出预言的一代轻视"过去",拒绝聆听书写的见证;而那个忙于理解"过去"的必然性的一代则不愿过问"未来"。二者的行为完全一致,因为每一方在相反的方向上都将有机会看到自己的行为是多么地愚蠢。黑格尔首创的那个"绝对方法"[19]在逻辑学中已经成了一个难题,一个绝妙的同语反复,它以众多的迹象和奇事[20]服务于一种学术迷信。在历史科学中,"绝对方法"是一个固执的观念,因为历史就是理念的具体化,因此方法立刻会以"变得具体"而开始,这一点无疑会使黑格尔有机会展示一种罕见的学识,一种在塑造素材方面的罕见力量,在这方面他已经带来了很大的骚动。更有甚者,这一点也导致了学生的分神,结果或许正是出于对中国和波斯、对中世纪思想家们、希腊哲人们还有世界史上的四大君主国[21]的尊敬和崇拜,(一个未能逃过格特·威斯特费勒的眼睛的发现,它还激起了许多后来的黑格尔式的格特·威斯特费勒们的辩才)[22]而忘记去考察这个问题,即,在结论部分,在魔术巡演结束的时候,那个在开始阶段就不停地被许诺的东西,那个首要问题,那个世界的全部荣耀都无法取代的东西,那个能够弥补人们身处其中的不合时宜的张力的东西是否已经出现——方法的正确性。人们为什么立刻变得具体起来,为什么立刻就会开始具体地试验,为什么这些问题现在还没有以抽象的、缺乏激情的简洁形式来回答,这形式既不分神又无魔力?这些问题是:理念的具体化意味着什么?什么是生成?人与生成的关系是怎样的?等等。同样,转换的涵义已经在逻辑学中得到了澄清,而且是在开始撰写用范畴化的规定性和令人惊异的迷信来证明那个转换的三大本著作之前[23],结果此人的立场被弄得十分可疑,他本想高兴地把很多东西都归之于那种高尚精神,并且为之感谢它,但是他却无法因此而忘却连黑格尔本人都可能认可的首要问题。

以为"这就是理解")及其对象(它以为"这样的一种东西竟可以成为解读的对象")。任何一种认为通过建构便可以彻底把握"过去"的做法根本上都是对"过去"的误解。第一眼望去,显现理论取代了建构理论,我们获得的是假象;但是在下一刻,我们所获得的就是二手的建构和必然的显现了[25]。"过去"并不是必然的,因为它曾是生成的;它没有通过生成而成为必然(这是一个矛盾),更不会因某种把握而成为必然。(就像空间距离将产生感觉上的错觉一样,时间中的距离也将产生精神错觉。当代人看不到生成的必然性,但是当生成与观察者之间横亘着数个世纪的时候,他却看到了必然性,就像人从远处会把方形看成圆形一样。)假如"过去"因某种把握而成为必然,那么"过去"就赢得了把握所失去的东西,因为它把握的是别的东西,这是一种糟糕的把握。假如被把握的对象在把握过程中发生了变化,这把握也就变成了一种误解。关于"现在"的知识并不能给它以必然性,关于"未来"的预言性知识不能给它以必然性(博埃修斯)[26],关于"过去"的知识也不能给它以必然性,因为所有的把握就像所有的知识那样,它没有任何东西可以给出。

因此,这样来理解"过去"的人,历史学家和哲学家,就是一个向后退的预言家(道博)[27]。说他是预言家恰恰表明,在"过去"所有的确定性的根基处存在着不确定性,那种与"未来"完全相同的意义上的不确定性;存在着可能性(莱布尼兹所说的"可能的诸世界"[28]),"不可能"必然会从中出场,"必然性必然地先于它自身"[29]。于是,历史学家再次立于"过去"之中,为那种对生成的热忱感受而感动,这感受就是钦羡[30]。假如哲学家没有对任何东西感到钦羡的话(除非通过一种新的矛盾,人们如何才能对某种必然的建构感到钦羡呢?),他正因为如此也就与历史没有任何干系。因为无论生成在何处(它当然在"过去"之中),那种最为确定的生成物的不确定性(即生成的不确定性）都能在这种对于哲学家来说有价值的、必然的激情之中得到表达（从柏拉图到亚里士多德）[31]。即使生成者是极为确定的；尽管钦羡将以这样的说法提前认可，即，假如这一切并未发生，人们就该去虚构（巴鲍德尔）[32]；即使如此，钦羡的激情也是自相矛盾的——假如它要欺骗性地赋予生成以必然性并且自欺欺人的话。

可是"方法"这个词——这也是个概念——充分表明，这里所说的"前进"是目的论的；在每一次"前进"中，每个瞬间都是一个间歇（"钦羡"在此充满期待地[33]等待着生成的到来）——生成的和可能性的间歇，而这恰恰因为目的是外在的。假如只有一条道路是可能的，那么目的就不是外在的，而是在"前进"本身之内；事实上是落在其后，如同"内在的前进"[34]。

对于"过去"的把握就说到这里。在此有一点是已经设定了的，即关于"过去"的知识已经被给出。可是，这知识是如何获得的呢？历史是无法直接被感觉的，因为其间有着生成的欺骗性[35]。对某种自然现象或某个事件的直接印象与对历史的印象是不同的；因为生成不能被直接感觉，能直接感觉的只有"现在"。而历史的"现在"之中存在着"生成"，否则它也就不是历史性的"现在"了

直接性的感觉和直接性的认知是不骗人的。这一点已经表明，历史不能成为它们的对象，因为在历史之中有着一种欺骗性——生成的欺骗性。就与直接性的关系而言，生成就是一种欺骗性，因此，最可靠的东西变得可疑起来了。例如，当感觉者观察一颗星星的时候，就在他快意识到这颗星星已然生成了的那一瞬，这颗星对于他来说已经变得可疑起来，好像反思把星星从感觉之中取走了。如此，有一点是清楚的——感觉历史的器官应当在与历史相类比的时候形成，它应当在其内里有着某种对应物，

通过它，其确定性不断地扬弃非确定性，这种非确定性与生成的非确定性相对应，后者具有一种双重性：非存在的无和终结了的可能性，这可能性又是对任何一种其他可能性的终结。信仰的本质正是如此。在信仰的确定性当中，作为被扬弃了的不确定性是持续在场的，这种不确定性在各个方面都与生成的不确定性相对应。因此，信仰相信未曾看见的[36]。信仰不是去相信一颗星星存在着，因为它是可见的；而是去相信，那颗星星已然生成了。对于事件而言亦然。发生了的事是可以直接被认识的，可是"已然发生"却不行，甚至"正在发生着"也不行，尽管如人们常说的，它就发生在我们的眼皮底下。发生过了的事的欺骗性在于它已经发生了，从"无"、从"非存在"以及多种可能的"怎样"而来的转换就在那里。直接性的感觉和认知既不会感觉到那种不确知性，信仰正是以之接近其对象的；也不会感觉到那种从非确定性当中挣脱出来的确定性。

　　直接性的感觉和直接性的认知是不骗人的。理解这一点具有重大意义，以便我们可以理解怀疑，并且穿过怀疑指示出信仰的位置。这一思想是希腊怀疑主义的根基，不管这看起来有多奇怪。不过有一点是不难理解的，我们也不难理解这思想为信仰带来了哪些新见解，如果人们没有完全被黑格尔式的"怀疑一切"的原则[37]所困扰的话，对此我们实在不用再做宣教了。黑格尔主义者们就此所发表的言论具有这么一种性质，也就是说看起来他们更喜欢一种谦卑的怀疑，一种对他们已经表示怀疑了的东西是否正确地彼此关联着这一点而做出的怀疑。希腊式的怀疑是后退式的（暂缓得出结论的）[38]；他们怀疑靠的不是认知，而是意志（拒绝认同[39]——有节制的情感[40]）。由此，怀疑只能通过自由、通过意志的行为才能终结，对此每一位希腊怀疑主义者都会这样理解，因为他理解了自身。但是他不会终结他的怀疑，因为他愿意怀疑。人们应该让他自己决定，但却不把这个愚见归在他的名下，说他认为人们必然地要去怀疑；还有一个更为愚蠢的说法，认为只有怀疑是必然的，怀疑才能被终结。希腊怀疑主义者从未否认过感觉和直接性的认知的正确性，只是他们认为，错误有一个完全不同的来源，它来自我得出的结论[41]。假如我能够做到不得出结论，则我永远不会受骗。举个例子，假如我感觉远处的物体是圆的、但近看却是方的，或者一根棍子在水中是折断的、从水中捞起却是直的，我的感觉并没有欺骗我，只是当我就棍子和那个物体做出某种推论的时候，我才受到了欺骗。因此，怀疑主义者总是处于悬置状态[42]，而这种状态正是他所愿意的。于是，就希腊怀疑主义被称为"探询的、追问的、反思的哲学"[43]这一点言，这些称谓并没有表达出希腊怀疑主义的特性。希腊怀疑主义只是持续不断地利用认知保护他们的首要问题——心态，因此他们甚至不愿意"肯定地"[44]说出认知的否定性的结果，以便不为"得出结论"这一点所捕获。心态对于他们来说是首要问题。（怀疑论者要实现的目标即是悬置判断，如影随形的是心智的平静。第欧根尼，第9册，第7章，第107节）①[45]。

反之，在此显而易见的是，信仰不是认知，而是自由的行为，是意志的体现。信仰相信生成，并且在身内扬弃了那种与非存在的"无"相对应的非确定性；信仰相信生成的"如此这般"，并且在身内扬弃了生成所可能有的"怎样"。在不否认存在着其他"如此这般"的可能性的情况下，生成的这个"如此这般"对于信仰来说就是最为确定的。

现在，说那个通过信仰而成为历史并且作为历史又成为了信

---

① 柏拉图和亚里士多德都强调，直接性的感觉和认识是不骗人的[46]。后来，笛卡尔与希腊怀疑主义者们一样，认为错误来源于意志，它急于得出结论[47]。这一点给信仰投射了一道光芒。当人们下定决心去信仰的时候，他是冒着"这是个错误"的风险，但他仍然愿意去信。换用其他方式人们永远都不会信仰。假如人们想逃避风险，他就要确切地知道，在他下水之前他已经能游泳了。

仰的对象的东西（二者彼此对应）直接地存在着、可以直接地被把握，这一点并非妄言。当代人的确使用了自己的眼睛和其他感官，不过在得出结论时他却应该多加小心。对于"已然生成"这回事，他既无法直接认识，也无法必然地认识；因为生成的第一个表现恰恰是连续性的中断。在信仰相信它"已然生成"、"已经发生"的那一瞬，信仰使已然发生之事和已然生成之物在生成的进程中变得可疑起来，使其"如此这般"在生成的可能的"怎样"之中变得可疑起来。信仰的结论根本就不是结论，而是一种决断，因此怀疑才被排除在外。当信仰推论说：这是存在的，因此它已然生成了，这一点可以被看做是由果及因的一种推论。不过事实并非完全如此，而且即便如此，人们也该想到，认知性的推论应当由因及果，或者更准确地说，从根据到结果（雅各比）[48]。事实并非完全如此，因为我不能直接地感觉或者认知这一点，即"我所直接感觉和认知的是一种结果"，因为它只是直接地在着。说它是一种结果，这我相信；而为了断定"这是一种结果"，我已经使其在生成的不确定性当中变得可疑起来。可是，信仰下定决心到场，于是怀疑被取消了；与此同时，怀疑的平衡与冷漠经由意志而非认知被取消了。因此，信仰近似于最具争议性之物（因为怀疑的不确定性在双重意味、也就是在说两面话[49]的方面是有力的、不可战胜的，这种不确定性将在信仰当中走向毁灭），而它由于其新的质而成为最少争议性之物。信仰是怀疑的反面。信仰与怀疑并不是两种不同类型的、能够在彼此的连贯性中得以界定的认知；它们不是认知行为，而是两种相反的激情。信仰是对生成的觉悟，怀疑是对结论的反对，这结论试图超越直接性的感觉和认知。举例说，怀疑论者并不否认自身的存在，但是他却不做任何结论，因为他不愿意被欺骗。就他利用辩证法不断地使对立面看上去同样可信这一点言，这不是因为他动用了他的怀疑主义，那只不过是个外围工程，是人的调节适应。他没有因此得出任何结论，甚至是一个否定的结论（因为否定的结论也意味着对认知的认可）；相反，在意志的作用下他决心抑制自己不去得出任何结论（悬置得出结论的哲学）[50]。

未能与历史事件同时共在的人没有感觉和认知的直接性（它们并不能把握历史），他们有的是当代人的陈述，他和这些陈述的关系与当代人和直接性的关系是相同的。尽管所陈述之事在陈述中经历了某些变化，但是他却不能以下述方式对待这些陈述，也就是说，除非他因自身之故将陈述转换成非历史性的事件，他本人并不能认可它们、并使之成为历史性的事件。陈述的直接性，也就是说陈述就在那儿，是直接性的"现在"；而"现在"的历史性在于，它已然生成了；"过去"的历史性在于，它曾是一种已然生成了的"现在"。后继者一旦信仰"过去"（并不是"过去"的真实情况；因为这是一个认知问题，它关乎本质而非存在。但他所相信的是，这曾是一种已然生成了的"现在"），生成的不可靠性就会出现，这种生成的不可靠性（非存在的"无"——现实的"如此这般"所可能有的"怎样"）对于他来说应该与对当代人是相同的，他的思想应该与当代人一样处于悬置状态。因此，他不再有任何直接性留存自身，也没有生成的必然性，他所有的只是生成的"如此这般"。后继者的信仰可能会借助当代人的陈述，不过只能在与当代人借助直接性的感觉和认知而信仰的相同意义上才能如此；当代人并不借助那种直接性而信仰，于是，后继者信仰也不能借助当代人的陈述。

* * * * *

于是乎，"过去"不会在任何瞬间成为必然，当其生成时它不是必然的，而且也不会对那些相信它已然生成了的当代人显示出必然性。信仰与生成彼此对应，它们涉及的是存在的被扬弃了的规定性："过去"和"未来"；还有"现在"，但却只当"现在"被视为是存在的被扬弃了的规定性的情况下——它已然生成。相反，必然性涉及的是本质，因此，本质的规定性恰恰排除了生成。那种从"可能"变成"现实"的可能性的发生总是伴随着生成，并且停留在"过去"，尽管其间横亘着无数个世纪。一旦后继者重复说，这一切已然生成（他通过信仰而为之），他所重复的就是生成的可能性，不管人们目前能否给那种可能性一个更具体的描绘。

题解：

"过去是否比未来更必然"原文写为 Er det Forbigangne mere nødvendigt end det Tilkommende? 这是莱布尼茨在《神正论》（*Theodicee*）一书的第二部第 170 节就古代宿命论与可能性和必然性之间的关系所提出的问题。

注释：

[1] 这里的时间间隔 1843 年，可能与本书撰写的年份有关。《哲学片断》出版于 1844 年。

[2] 在柏拉图对话《高尔吉亚》篇中（490e），卡利克勒斯（Kallikles）批评苏格拉底总是说同样的话，于是苏格拉底回答他："是的，卡利克勒斯，我是这样做的。尤其是，我是就同样的东西讲着同样的话。"

[3] "最新型的哲学"指思辨的、黑格尔式的哲学。

[4] 第一个括号内的"运动"原文为希腊文 κινησις（kínēsis），根据亚里士多德，这个概念指的是从可能性到现实性的转换，也就是"潜能的事物（作为潜能者）的实现即是运动"。参亚里士多德：《物理学》，张竹明译，商务印书馆 1991 年，第 69 页。

第二个括号内的"性质变化"原文为希腊文 αλλοιωσις（alloíōsis）。在《物理学》中，这个概念指的是事物的质的变化，故译为"性质变化"。

对于这两个不同的希腊概念，克尔凯郭尔采用了同一个丹麦词 Forandring（即"变化"）与其对应，这种理解明显受到了邓尼曼哲学史的影响。

[5]"转向另一种概念层面"原文为希腊文 μεταβασις εις αλλο γενος（metábasís eís állo génos），指谈话中突然进行证明或辩论，但所说的却与论题无关。

[6] 此处的"形式"通常写为 Form，但克尔凯郭尔受他的老师缪勒（Paul Martin Møller）的影响采用了 Plan 一词，它是相对于"质料"而言的。亚里士多德在《物理学》第二章第二节中对此问题做了讨论。参亚里士多德：《物理学》，张竹明译，商务印书馆1991年，第46至49页。

[7]"承受"原文为 Liden，它与邓尼曼所译亚里士多德《物理学》第三章第二节（202a 6）时采用的 ein Leiden 是一致的，二者除了表示"受动"之外，都有"痛苦"、"折磨"的意思。在《物理学》中译本中对应于上述部分是这样的："……因为推动就是对能运动的事物（作为能运动者）施加行动"，见亚里士多德：《物理学》，张竹明译，商务印书馆1991年，第72页。

[8]"这是可能的"、"这可能不是"、"这是不可能的"原文分别为：det er muligt, det er muligt ikke, det er ikke muligt。此处采用的是直译法。这三个命题出自亚里士多德《解释篇》第 12 小节，中译为"可能有这件事"、"可能没有这件事"、"不可能有这件事"；而"可能有这件事"与"不可能有这件事"互为矛盾命题。参亚里士多德：《范畴篇 解释篇》，方书春译，商务印书馆1986年，第76—77页。

[9]"关于错误与正确的命题的学说"指希腊哲学家伊壁鸠鲁（公元前341—270）对宿命论和自由意志的讨论。他认为，宿命论与自由意志之间无法调和，因此，就未来所做出的断言既可为真又可为假，也就是说，我们不能把"矛盾律"运用在关于未来的事物之上。伊壁鸠鲁的绝大多数著作已失传，关于他的思想多见于其他哲学家、尤其是第欧根尼的转述和评价之中。

[10]"亚里士多德关于两种类型的可能性学说"指亚里士多德《解释篇》第 13 小节（22a 38—22b 9）中阐明的"可能"的双重涵义：一种"可能"指的是"事实"，指已经现实化了的东西；另一种"可能"指的则

101

是"某一种能力",它在一定条件下才能现实化。参亚里士多德:《范畴篇 解释篇》,方书春译,商务印书馆1986年,第80—81页。

[11]"所有必然的都是可能的"指《解释篇》第13小节（22b 10—16）中的观点,"当必然有一事物的时候,就可能有它"。参亚里士多德:《范畴篇 解释篇》,方书春译,商务印书馆1986年,第79页。

[12] 一般认为,"根据"（Grund）与"原因"（Aarsag）这两个概念的区别形成于克尔凯郭尔的时代。克尔凯郭尔的老师西伯恩（F. C. Sibbern）在其《作为思想方法的逻辑》一书中曾做过如下解说:"'根据'与'原因'完全不同;前者针对的是一个'为什么',而后者则是一个'怎样'。'原因'的思想指的是使某物存在的运作;相反,'根据'存在于事物的本性和本质之中,它以理智的或者知性的方式趋向于某种确定的东西,而无关乎结果。"

[13] 括号内的"并排"一词原为德文 Nebeneinander。这里很可能指黑格尔的观点,即自然是理念在空间的显现,而历史则是理念在时间中的显现。

[14] "全体地"原为法文 en masse,这是克尔凯郭尔常用的外文词之一。

[15] "自然的历史"很可能指浪漫主义自然哲学的观点,其核心思想认为,自然拥有从早初的元素、到多样性的有机生命、最后到完整的人类的发展过程。持此观点的代表人物有挪威—丹麦籍哲学家亨利克·斯蒂芬斯（Henrich Steffens）。

[16] 此处指克吕西波与第欧多罗就宿命论与可能性概念的关系所做的讨论。西塞罗在《论命运》（*De fato*）和《致友人书》（*Epistulae ad familiaris*）中记述了这场争论。斯多噶主义者 Kleanthes 认为,关于"过去"的真的断言是必然的真理,因为"过去"是不可变化的。第欧多罗认为,与"过去"相似,只有当现实的或者真实的东西在"未来"的出现是可能的时候,它才具有必然性。克吕西波则提出了相反的论调,他认为虽然有些东西永远都不会在"未来"出现,但它仍是可能的。研究者断定,克尔凯郭尔对这场争论的了解来自莱布尼茨的《神正论》和邓尼曼的哲学史。

[17] 此处的"如此这般"和"怎样"分别对应 Saaledes 和 Hvorledes,

102

它们原是副词，本节中克尔凯郭尔对之做了名词化处理。

[18]"自由变成了巫术，而生成则成了虚假的警报"（Friheden blev Hexeri, Tilblivelsen blind Allarm）是对贺伯格的喜剧标题 Hexerie eller Blind Allarm（《巫术或者虚假的警报》）的戏仿。

[19] 此处的"绝对方法"指黑格尔用以建构其哲学体系的辩证方法。

[20] "众多的迹象和奇事"（med mange Tegn og underlige Gjerninger）语出《希伯来书》2∶4："神又按自己的旨意，用神迹奇事，和百般的异能，并圣灵的恩赐，同他们作见证。"

[21] 此处的"四大君主国"可能指黑格尔对历史发展的四个阶段的总结，它们是：东方世界（Die orientalische Welt）、希腊世界（Die griechische Welt）、罗马世界（Die römische Welt）以及日耳曼世界（Die germanische Welt）。

[22] 格特·威斯特费勒（Geert Westphaler）是贺伯格写于1724年的一幕喜剧《格特·威斯特费勒师傅或者能言善辩的理发师》中的主人公，他以善于对任何论题发表滔滔不绝的评论著称。当药店店主的女儿莱昂诺拉问他 Reich—tag 与 Kreids—tag 这两个词有何区别的时候，他开始了冗长的解释，其中讲到了四大君主国，认为它们建立在《圣经》中但以理为尼布甲尼撒王所释的梦中所提及的四国（见《但以理书》第2章第36—45节），但实际上他的回答牛头不对马嘴。克尔凯郭尔利用这个喜剧人物和场景来讽刺那些动辄就上升到世界历史层面上的写作及言论。

克尔凯郭尔用"后世的黑格尔式的格特·威斯特费勒们"很可能影涉其当代的丹麦法学家卡尔·魏斯（Karl Weis），他撰写了题为《论国家的历史发展》的博士论文，其中提到了黑格尔的历史发展四阶段的观点。

[23] "三大本著作"暗指黑格尔于1812—1816年出版的三卷本著作《逻辑学》（*Wissenschaft der Logik*）。

[24] "界限"原文为拉丁文 discrimen。

[25] 克尔凯郭尔在草稿中这一段的空白处这样写道："人们在下一时刻让显现开口说话了，或者说显现本身必然地发生了，不过人们因此也就成为建构的了。"所谓"显现"（Manifestationen）很可能指"上帝"（精神、理性）将在历史的、具体的现实性当中显现自身的理论。而"建构"

103

（Konstruktionen）是德国唯心主义哲学中的概念，尤其指康德的立场，他认为知性是在与自身的范畴完全一致的情况下建构表象。

［26］"关于'未来'的预言性知识不能给它以必然性"语出博埃修斯（Boethius，480—524 年）。他是罗马贵族、哲学家，因被怀疑犯有叛国罪而被处死，在狱中著有《哲学的安慰》（De consolatione philosophiae）。这句话的原文为：Nam sicut scientia praesentium rerum nihil his, quae fiunt, ita praescientia futurorum nihil his, quae ventura sunt necessitatis importat。

［27］"这样来理解'过去'的人，历史学家和哲学家，就是一个向后退的预言家"语出道博（Karl Daub，1765—1836），他是德国神学家，自 1795 年起担任海德堡大学教授。道博早期曾受康德的影响，后转向黑格尔哲学。这里所说的"向后退的预言家"在他的学位论文《基督教义的形式及教会史》（Die Form der christlichen Dogmen und Kirchen – Historie）中是这样阐明的：Der Act des Nachschauens ist eben sowohl, wie der des Vorausschauens ein *Divinations* – Act; und heisst's vom *Propheten*, er sei der Historiker des im *Dereinst* – so heisst's gleich gut, wo nicht besser, vom *Historiker*, er sei der Prophet des im *Ehemals* – Geschichtlichen.

此处的"历史学家和哲学家"原文为拉丁文 Historico – philosophus。

［28］"可能的诸世界"（de mulige Verdener）是莱布尼茨在《神正论》（§8 和§406 – 416）中提出的观点。他认为，在上帝的意识当中，我们可以找出无限多的可能的世界，而上帝创造出来的现实的世界是他选择的最佳世界。

［29］"必然性必然地先于它自身"原为拉丁文 nam necessarium se ipso prius sit, necesse est，出处不明。

［30］"钦羡"原文为 Beundring。

［31］柏拉图和亚里士多德提出，哲学起源于"惊异"（Forundring），而非"钦羡"（Beundring）。"惊异"对应于希腊词 θαυμαζειν（thaumázein）、拉丁词 admiratio，在丹麦语中它同时有 Forundring（surprise, astonishment, wonder，即"惊异"、"惊讶"）和 Beundring（admiration，即"钦羡"、"羡慕"）的涵义，但是 Forundring 更接近希腊词本意。

克尔凯郭尔在 1841 年的一则日记中曾这样写道："当亚里士多德指出

哲学起于惊异（Forundring）的时候，这是哲学的一个肯定的出发点，不像在我们这个时代，哲学开始于怀疑。"他在这里之所以采用 Beundring 一词（德语 Bewundern），很可能是受到了德国宗教哲学家和神学家巴德尔的影响，后者提出，"钦羡"是精神生活（也就是宗教生活）的原则和媒介。翻译时有意对 Forundring 和 Beundring 做出了区分。

柏拉图《泰阿泰德》篇（155d）中有这样的话：μαλα γαρ φιλοσοφον τουτο το παθος, το θαυμαζειν. ου γαρ αλλη αρχη φιλοσοφιας η αυτη。（这种疑惑感是哲学家的一个标志。哲学确实没别的起源。）

在《形而上学》928b 中，亚里士多德说：δια γαρ το θαυμαζειν οι ανθρωποι και νυν και το πρωτον ηρξαντο φιλοσοφειν。（"古今来人们开始哲理探索，都应起于对自然万物的惊异。"见吴寿彭译《形而上学》，商务印书馆1991年，第5页。）

[32]巴德尔（Franz von Baader, 1765—1841），德国宗教哲学家和神学家，其宗教哲学思想曾受到谢林以及犹太教和基督教神秘主义的深刻影响，认为真正的哲学只能在天主教信仰中找到基础。克尔凯郭尔藏有很多巴德尔的著作，但研究者未找到此话的出处。怀疑此语可能是法国哲学家伏尔泰的名言的翻版，原话为 A l'Auteur du livre des Trois Imposteurs（Epîtres 96）（假如没有上帝存在，人就该发明他）。

[33]"充满期待地"原文为拉丁文 in pausa。

[34]"内在的前进"（Immanentsens Fremskriden）指黑格尔逻辑学中"概念"在内在矛盾作用下所进行的自我运动。黑格尔在《逻辑学》中说："必须承认以下这一点是很重要的观察，——它在逻辑本身以内将更明确地显出来，——即：前进就是回溯到根据，回溯到原始的和真正的东西；被用作开端的东西就依靠这种根据，并且实际上将是由根据产生的。——这样，意识在它的道路上，便将从直接性出发，以直接性开始，追溯到绝对的知，作为它的最内在的真理。于是，这个最后的东西，即根据，也是最初的东西所从而发生的那个东西，它首先作为直接的东西出现。……对于科学说来，重要的东西倒并不很在乎有一个纯粹的直接物作开端，而在乎科学的整体本身是一个圆圈，在这个圆圈中，最初的也将是最后的东西，最后的也将是最初的东西。"参黑格尔：《逻辑学》上卷，杨一之译，商务

印书馆1991年，第55—56页。黑体为原译文所有。

［35］"欺骗性"原文为Svigagtighed。

［36］"信仰相信未曾看见的"语出《希伯来书》："信就是所望之事的实底，是未见之事的确据。"

（37）"黑格尔式的'怀疑一切'的原则"可参黑格尔就哲学开端所说的话："一般说来，哲学应当从困惑开始，困惑是与哲学俱来的；人应当怀疑一切，人应当扬弃一切假定，以便把一切当作概念的产物重新接受。"参黑格尔：《哲学史讲演录》第二卷，贺麟、王太庆译，商务印书馆1997年，第61—62页。

［38］"暂缓得出结论的"原文为希腊文epochē。希腊怀疑主义哲学中的术语，在塞克斯都·恩披里可和第欧根尼的著作中都出现过。

［39］"拒绝认同"（nægte Bifald）对应于第欧根尼·拉尔修的哲学史中论及皮浪的段落中所用的术语（见第9册，第11章，第107节）。书中这样写道："怀疑论者要实现的目标即是……悬置判断，如影随形的是心智的平静。对于将由我们做出决断的事物来说，我们既非在选择，亦非在逃避；而对于那些不由我们决定的、因必然性而发生的事物而言，例如饥饿、干渴和寒冷，我们无法逃避，因为它们不能因理性的力量而被清除。"

［40］"有节制的情感"原为希腊文metriopatheîn，源自"拒绝认同"。

［41］参第欧根尼·拉尔修的哲学史第9册第11章第103节中对怀疑主义的认识。他这样写道："我们承认人性的弱点；我们认可这是白天、我们活着以及生活当中很多其他的明显的事实。可是对于我们的对手（即教条主义者）如此肯定地讨论并且宣称他们肯定已经理解了的东西而言，我们悬置我们的判断，因为它们是不确定的，我们把知识限制在印象之内。我们承认我们所看到的，认可我们思考了此事或彼事，但是我们并不知道我们是如何看、如何思考的。在谈话中我们说某物显现为白色，但是我们并不肯定它真的是白色的。至于'我们不决定任何事物'之类的话，我们不是在教条主义的意义上这样说的……当我们说这话的时候，我们甚至都不是在决定这一点。"

［42］"悬置状态"原文为拉丁文in suspenso，这是克尔凯郭尔常用的外文词之一。

间奏曲

[43] "探询的、追问的、反思的哲学"原文为希腊文 φιλοσοφια ζητητικη, απορητικη, σκεπτικη。

塞克斯都.恩披里可曾用此描述怀疑论者。第欧根尼·拉尔修的哲学史第9册第11章第69节中对怀疑主义者的总结:"所有这些人依其导师的名字而被称为皮浪主义者,而根据其原则他们又被称为怀疑者、探索者、延缓认同者、探索者。他们是追寻者,因为他们一直在追寻真理;是探索者,因为他们总是在寻找解决办法但却从未找到过一个;是怀疑者,因为跟随着他们的探寻的心态是对判断的悬置;最后,是困惑者,因为不仅是他们,甚至是独断论者本人都常常是困惑的。"

[44] "肯定地"原文为希腊文 thetikōs。该术语曾被第欧根尼·拉尔修使用。

[45] 括号内附有第欧根尼观点的希腊文:τελος δε οι σκεπτικοι φασι την εποχην, ἡ σκαις τροπον επακολουθει ἡ αταρξια。

[46] 此处指柏拉图对话《泰阿泰德》篇195d中,苏格拉底所说的这样一段话:"我不仅仅是感到烦恼,而且也害怕,我该怎样去回答他,假如有人这样问我:'听着,苏格拉底,你是否已经发现了,错误的意见既不在于感官知觉以及它们的相互关系之中,也不在思想当中,而是在感觉与思想的关联之中?'对此我将回答说,是的,而且我可能会为我们做出了这么重大的发现而自豪。"

[47] 此处指笛卡尔在《哲学原理》(*Principia philosophiae*)第31节中所强调的,尽管上帝从不欺骗人,但人却常犯错误,而这些错误并非来自理性,而是来自意志。在该书第42节中指出,如果没有人想犯错误,那么人根本就不会犯错误;可是虽然没有人愿意犯错,人却常常带着热情而为之。

[48] 雅各比(Friedrich Heinrich Jacobi, 1743—1819),德国哲学家。他受到了友人哈曼的强烈影响,与其当代者如康德、费希特、谢林、门德尔松做过讨论。他发展出了一种"生活的哲学",其中"情感"和"信仰"处于中心位置。正文中论及的"根据"与"原因"的差别见雅各比《致摩西·门德尔松先生的信:关于斯宾诺莎哲学》(*Ueber die Lehre des Spinoza in Briefen an Herrn Moses Mendelssohn*)。

[49]"说两面话"原文为拉丁文 dis‑putare，原意为"言说"、"讨论"。其中，前缀 dis 意指"双重的"，而 putare 有"评判"、"判断"、"意味"的涵义，故在涉及到怀疑问题的时候，这个词当被解做"说两面话"。

[50]"悬置得出结论的哲学"原为希腊文 φιλοσοφια εφεκτικη。

附录　应用

这里所说的一切对于单纯的历史性是有效的，其矛盾在于，它已然生成，这矛盾①只是生成的矛盾。在此人们不该上当受骗，认为在某物已经生成之后去理解"已然生成"要比在它生成之前更容易。这样认为的人至今仍没有理解"已然生成"的涵义，他有的只是对"在场者"的感觉和认知的直接性，而生成并没有被纳入其中。

现在，我们返回到我们的创作以及假设之上，即神一直是存在着的。针对单纯的历史性的有效原则是，直接性的感觉和认知不能成为历史，无论对于当代人还是后继者来说都不行。而那个历史事实[1]（这是我们的创作的内容）拥有一个独特性质，因为它并不是一个单纯的历史事实，而是一个建立在自我矛盾之上的事实（这个自我矛盾充分表明，在直接的当代人与后继者之间没有任何差别。在面对一个自我矛盾以及由于认同该矛盾所冒的风险的时候，直接的当代性并无任何优势）。可它又是一个历史事实，而且只为信仰而在。于是，信仰首先要在一种单纯的、一般的意义上出场，它事关历史性。接着，信仰应该在一种杰出的意义上出场，因此，它只能出现一次，也就是说，出现很多次，但却仅在一种情况下。从永恒的角度出发，人们相信的不是

---

① "矛盾"这个词在这里不应该在模糊的意义上使用，在那种意义上，黑格尔误导了自己、他人以及矛盾本身，认为矛盾有力量产生出些什么。只要无物生成，矛盾也就只是钦羡[2]中的欲望，它是钦羡的而非生成的"冲动"[3]。而当某物已然生成之时，矛盾会再次作为钦羡的"冲动"在那种重现了生成的激情之中在场。

"神是存在的",尽管人们假设神存在着。这是一种被误用的语言。苏格拉底相信的不是"神是存在的",他所知道的关于神的事是通过回忆得到的,神的存在对于他来说绝非历史性的。苏格拉底关于神的知识是否比我们假设的那位从神本人手中接受条件的人的知识较不完善,这个问题与这里的讨论无关。因为信仰不是与本质、而是与存在相关,"神是存在的"这一假设在永恒的、而非历史的意义上决定了神。历史的情况是:神已然存在(对于当代人言),神通过说他"已然存在"成为了一个"在场"(对于后继者言)。不过矛盾正在于此。从直接性的角度出发,没有人能够与这个历史事实同时共在(参前述);但这个事实却是信仰的对象,因为它涉及的是生成。这里的问题不关乎其中的真实性,而关乎人们是否愿意认同"神已然存在"这一点,神的永恒本质由此转入生成的辩证规定性之中。

于是,我们要缓议那个历史事实。没有人直接地与之同时共在,因为在一次方中,它是历史性的(一般意义上的信仰);在二次方中,也没有人直接与之同时共在,因为它建立在矛盾之上(杰出意义上的信仰)[4]。可是,后一种情况下,在时间上相隔最远的人之间的平等吞噬了前一种情况下在时间上有所差别的人之间的差别。每当信仰者使这个事实成为信仰的对象、成为对自己而言的历史性存在的时候,他都是在重复生成的辩证规定性。不管有多少世纪经过,不管那个事实在其身后引发了多少后果,该事件都不会因此而变得更为必然(可以明确地说,这些后果本身只是变得相对的必然[5],因为它们是在那种自由运作的原因之中驻足);更不用说那种反向的情况了——那个事实因其后果而成为必然,因为后果习惯于将其根据置于他物之上,而非以此为根据。不管当代人或者先驱者是否看到了这些准备,是否看到了关于它的暗示或者征兆,那个事实都不是必然的,因为它是生成的。换言之,那个事实与"未来"和"过去"一样都不是必然的。

注释：

［1］"那个历史事实"原文为 hiint historiske Faktum，指基督耶稣化身为人并受难的事实。

［2］"钦羡"原文为 Beundring。关于该词参《间奏曲》注31。

［3］"冲动"原为拉丁文 nisus，有"努力"、"欲望"的意思。在黑格尔的逻辑学中，它被用来描述思想以及存在中的运动的力量。黑格尔认为："内在的、自己特有的自身运动，一般的冲动（单子的欲望或冲力 Nisus，绝对单纯物的隐德来希 Entelechie），不外是：某物在同一个观点之下，既是它自身，又是它自身的欠缺或否定物。抽象的自身同一，还不是生命力；但因为自在的肯定物本身就是否定性，所以它超出自身并引起自身的变化。某物之所以有生命，只是因为它自身包含矛盾，并且诚然是把矛盾在自身中把握和保持住的力量。"参黑格尔：《逻辑学》下卷，杨一之译，商务印书馆1991年，第67页。黑体为中译本原有。

［4］"在一次方中"原文为 i første Potens，"在二次方中"原文为 i anden Potens。这是数学用语，看似费解，但若结合黑格尔在《逻辑学》中"大小（量）"一节的内容，则较易理解。黑格尔说："最近，方幂比率特别被应用到概念规定上。概念在其直接性中，曾被称为一次方；在他有或区别中，即它的环节的实有中，被称为二次方；就其回复到自身或作为总体说，被称为三次方。"参黑格尔：《逻辑学》上卷，杨一之译，商务印书馆1991年，第352页。黑体字为译文原有。

［5］"相对的必然"指黑格尔在《宗教哲学演讲录》（*Vorlesungen über die Philosophie der Religion*）中对"外在的"、"内在的"和"绝对的"必然性之间所做的区分。其中，"外在的必然性"就被称为"相对的"或"偶然的"必然性（relativ oder zufällige Nothwendigkeit）。

111

第五章　再传弟子

"亲爱的读者！假如根据我们的假设，在当代人与这里的谈话之间横亘着一千八百四十三年，看起来我们有充足的理由去探问再传弟子的问题，因为这种情况肯定会重复多次。这问题看起来与其要求同样不可回避，这要求是说，如果再传弟子被界定为与当代人既平等又有所区别的话，其间可能会出现的难点就需要加以解释。尽管如此，我们不用先考虑这问题是否如同它就在手边那样地恰当。假如这问题显示为不恰当，或者说我们不能这样发问，除非像个傻瓜，除非有权指控那个具有足够理智而不愿回答该问题的人是愚蠢的。可这么一来，那些难点看起来也就被消除了。"

"无可否认。假如人们不能发问，答案也就不会造成什么麻烦，而那个难点也就变得异乎寻常地容易了。"

"不过事实并非如此。假设，此处的难点就在于理解这么一点，即人们不能这样发问。或者你也许已经理解了这一切。你在我们最后一次谈话中（参第四章）说过的那些话的意思是否是说，你已经理解了我以及我所做出的断言的全部后果，而我却并没有完全理解我自己？"

"这绝非我的意思，而且我也并不认为这个问题能够被取消，尤其是当该问题同时包含了一个新问题的时候更不行，这个新问题是说，在'再传弟子'这一规定性之下的众人之间是否有所差别。换言之，把一个如此漫长的时段划分为'当代'和'后代'这两个极不平等的部分，这一点是否恰当？"

第五章 再传弟子

"你的意思是说,我们可以讨论什么第五代、第七代弟子之类的问题了?可是,如果我们为了迁就你而去讨论这些差别的话,如果这不是在与自己争论,它难道不应该统一在一个与'当代弟子'正相对的规定性之下吗?或者,假如它与你的想法如出一辙,它很容易把你狡猾地完成的事做成了,即把关于再传弟子的问题转变成了一个完全另外的问题,以此,你找到了用一个新问题来迷惑我的机会,而不是赞同或者反对我的建议,难道这样讨论就恰当了吗?可是,既然你很可能由于害怕这场讨论将导向诡辩和支吾搪塞而不愿意再继续下去,那么我也将就此打住。不过,从我计划继续进行的讨论当中你将会看到,我们所议论过的观点将被考虑在内。"

§1　再传弟子之间的差别

这里反思的不是再传弟子与当代人之间的关系,而是在反思这样一种差别:相对于其他事物言,这种彼此间的差别的相似性留存了下来;因为那种只与自身相区别的差异留在了与自身的相似性之中。因此之故,这不是什么人们可以随意中断的专断;因为相对的差别在这里根本不是通过"突袭"质变就会出场的"谷堆论证"[1],如果这差别囿于一种确定的质的范围之内的话。所谓"谷堆"只有当人们把"作为当代人"处理成一种坏的意义上的辩证形式之时才会出现,比如说,通过揭示出在某种意义上根本就不存在什么当代人,因为没有人能够与各个环节同时共在;或者去探问,当代性终结之时正是非当代性开始之处,这里是否存在着一个可以讨价还价的界限[2],可以让喋喋不休的理智说什么"在一定程度上"之类的话。所有这些非人性的深邃只会导向"无"。不过在我们的时代,这种深邃或许会被视为是真正的思辨,因为那种被轻视的诡辩论调已经变成了真正的思辨的悲惨秘密了[3]——鬼才知道这一切是怎样发生的。那个在古代被视为否定性的"在一定程度上"（那种干净利落地调和了一切的滑稽的宽容）如今变成了肯定的东西；而古代所称之为肯定的东西、那种做出区分的激情[4]，现在则成了愚蠢。

当对立物被放置一处的时候它们会显得格外鲜明[5]，因此，我们将选择再传弟子中的第一代和最后一代（最后一代划出了一千八百四十三年这段给定时段[6]的边界），并且尽可能地简洁明了。因为我们的讨论不是历史性的而是原则性的，我们并不想用种类繁多的魔术戏法来分散人们的注意力或者魅惑他们。相反，我们要时刻牢记，在与当代人的差别之下，再传弟子间的差别是有着某种共性的（在下一节中我们将进一步看到，从本质上说，关于再传弟子的问题是不恰当的），同时还应牢记，这种差别不应扩展到混淆视听的地步。

甲　再传弟子中的第一代

这一代人（相对而言）拥有一种优势：他们更靠近那种直接的确定性，接近于获得关于各个人物的已然发生之事的准确可靠的消息，这些人物的可靠性我们可以用其他方式检查。我们已经在第四章中对那种直接的确定性做了考察。现在看来，所谓更靠近那种直接的确定性很可能是一个幻象；因为如果一个人不是与直接的确定性靠得非常近，以至于他是直接确定的，则他就是绝对地处于远处。不过，我们要考察那种相对的差别（即再传弟子中的第一代与其后继者之间的差别），对此我们会给出怎样的估价呢？我们只能在与当代人的优势的比较之中才能做出估价，可是这优势（那种严格意义上的直接的确定性）已然在第四章中显现出了一种模棱两可性（"两面性的"[7]，充满危险的），这一点将在下一节中进一步考察。

第五章 再传弟子

或者，假如在离当代人最近的一代中有一个人，他以暴君的权力和暴君的热情灵机一现，他不关心别的，只关心获得那个点上的真实情况，他因此就成了弟子了吗？假设，他掌握着所有那些仍然活着的当代的见证人和那些未曾离其左右的人们，就最为精确的细节逐一拷问他们，把他们关起来，就像对待那70位译者一样[8]。为了逼他们讲真话而让其挨饿，让他们以最为狡猾的方式彼此对质，而这都是为了通过各种方式确保得到最为可靠的陈述。不过，靠这些陈述的帮助他就成为弟子了吗？难道神不该冲他微笑吗？他想以此方法逼出他既无法用钱买到、也无法用权力得到的东西。就算我们所说的那个事实是一个单纯的历史事实，可是假如他想在所有对他来说至关重大的细节上取得绝对一致的意见的话，难点并不会因此消失。因为信仰的激情，也就是那种像信仰本身一样强烈的激情，它在纯粹历史性的方向上是错误的。众所周知，那些最诚实的、从不说谎的人们在受到盘问或者成为某个盘问者的成见的对象之时，他们非常可能会陷入矛盾之中；相反，一个毫无廉耻的罪犯却由于坏良心打造的准确性之故而不会在说谎时自相矛盾。除此而外，我们所说的那个事实并不是一个单纯的历史事实，那么，所有这些对他何用之有呢？假如他获得了一份复杂的报告，它在每个字母、每一分钟都是一致的，他毫无疑问受到了蒙骗。他所得到的是一种甚至比那既看到了又听见了的当代人更大的确定性，因为当代人很容易就会发现，他有的时候并没有看见，有的时候则看错了、听错了；而且他还必须时刻牢记，他直接看到或者听到的不是神，而是一个自称是神的低下的人。换言之，他必须时刻牢记，那个事实是建立在矛盾之上的。那人是否会以其陈述的可靠性而获益呢？从历史的角度观之答案为"是"，不然则"否"。所有关于神在尘世间的美好形象的说法（可是他只是以仆人的形象出场，一个单一者，就像我们当中的一分子；他是冒犯的对象）、他的直接的神

115

性（可是神性并不是一个直接的规定性，因此教师必须首先在学生身上培养出那种极为深刻的自我反思，也就是罪的意识，并以之作为理解的条件）以及他所行之事的直接的神奇（不过奇迹并不是直接就在那儿的，相反，它只为信仰而在，那些没有信仰的人根本看不到奇迹），所有这些认识无论在何处都是无稽之谈，是一种用闲谈来拖延反思的尝试。

相对而言，这一代人拥有一种优势，他们更靠近那个事实引起的震动。这震动和震颤唤醒了人们的注意力，而这种注意力的意义（它也能成为冒犯）我们已经在第四章中做了考察。让我们姑且把更靠近那个事实（与后继者相比较而言）当作一种优势，这优势只有在与当代人所拥有的那种可疑的优势相比较时才成立。和注意力一样，这优势完全是辩证性的。其好处就是人们对它的关注，不管人们是觉得受到冒犯还是去相信。注意力对于信仰没有丝毫偏袒，仿佛信仰出场是由于注意力的后果使然似的。这优势在于，人们进入了一种状态，其间决断的重要性显得格外清晰。这就是优势，而它也是唯一一个有所意味的优势，其意味之多以至于它变得十分可怕，它根本就不是一种使人轻松的慰藉。假如那个事实永远都不会因愚蠢的疯狂而步入人们的刻板生活之中的话，那么，每一代人都会像第一代那样显现出同样的愤慨；因为人们根本不能通过直接性接近那个事实。人们可以就那个事实尽其可能地受到教育，但这并无用处。相反，它能够帮助一个人成为训练有素的夸夸其谈者，尤其是当教育者本人因此而被很好地研究的时候，在他的头脑里，冒犯既没有被感觉到，信仰也没有找到家园。

乙　最后一代

这一代人远离那种震动，不过他们却拥有全部的后果，拥有

第五章 再传弟子

结果的或然性证据。如果这一代人直接地面对所有的后果，以此那个事实必定会掩盖一切；如果或然性的证据对于他们近在咫尺，而从它出发根本不会直接过渡到信仰；因为正如我们所知，信仰对于或然性毫无偏袒，那样的说法是对信仰的诽谤①。假如那个事实作为绝对的悖谬步入世界，所有后来的一切就起不了任何作用，因为这一切永远都是悖谬引发的后果，因此它们肯定与该悖谬一样不可能发生，除非人们假设，说这些后果（它们最终是引申之物）获得了一种再造悖谬的反作用力，而这种可能性与说儿子获得了再造父亲的反作用力的几率相同。尽管人们愿意从纯粹逻辑的角度、也就是在内在的形式中思考后果，但有一点却是正确的，即后果只能被规定为与原因相同，但是无论如何

---

① 这种把或然性证明用于在概率上不可能的东西之上的想法[9]（不管现在它在具体的层面上要得到怎样更详尽的理解），从根本上说，（为了证明"从概率上这是可能的"，"或然性"这个概念定会有所改变；或者为了证明"从概率上这是不可能的"，使用"或然性"一词就是矛盾的），作为正论，这想法愚蠢到人们认为它不可能出现的地步；而作为玩笑，在我看来它出奇的好玩儿：训练讲废话，这真是好的消遣。曾有一位高贵之士想用一个或然性的证明服务于人类，为的是帮助人类进入在概率上不可能的领域。他大获全胜了。于是，他激动地接受了祝贺和感谢，不仅从那些确实知道如何消受那个证明的大人物那里，而且还从教堂会众那里。唉，这位高贵之士恰恰毁掉了一切！或者有这么一个人，他拥有一种坚定的信念，其主旨是荒谬，是概率不可能性。这人极其虚荣。如今的人就这德性。于是人们极其温和、极其友善地要把他从那个信念中拽出来。既然他未曾感到不妥，他就尖锐地提出了这一信念。而当他完成之时，人们以一种十分刺激的方法冲着他的虚荣心忙碌了起来。他变得局促、尴尬，于是自责起来："他本该假设荒谬的"，而没有从容地回答说："尊敬的先生，他是个傻子；它本就是荒谬之物，而且就该如此，不管有多少反对意见，对此我本人已彻底地思考过了，思考的骇人程度超过了任何一个人所能达到的，尽管我选择的是在概率上不可能的东西。"可惜，他并没有这样回答，而是试图弄出一个或然性的证明。现在人们都来帮助他，他们被折服了，这事几乎是这样结束的："啊，现在我明白了，它是万事万物当中从概率上讲最为可能的。"人们拥抱他，如果人们把玩笑开得再过分的话，那就亲吻他，并且"为了更好的信息"[10]而感谢他。再一次直视他那双浪漫的眼睛与他告别，像他的朋友和生死兄弟[11]一样地与他分手，好像他们出于同样的心智从来就理解了一切似的。这样的玩笑是公正的。因为假如这人并不虚荣的话，那么相对于其信念的诚实的严肃性，我可就要出丑了。伊壁鸠鲁就单一者与死亡的关系说过的话（尽管他的思考只是一种极其舒适的安慰的根据）也适用于概率上可能与不可能的情况。他说，当我在的时候，它（死亡）不在；而当它（死亡）在的时候，我不在。[12]

117

都不会有再创造的力量。说某人拥有那些后果与说他拥有直接的确定性的优势一样令人怀疑；视那些后果为直接可见的东西的人受到了蒙骗，正如把那种直接的确定性当作信仰的人一样[13]。

　　后果所具有的优势看起来就在于那个事实将一点一点地被自然化[14]。假如事实如此（也就是说，这一点是可以想见的），那么比之于当代人，后继者的优势甚至更加显著（那种人一定非常愚蠢，他既在此种意义上谈论后果，却又幻想着与那个事实同时共在的福气），而且他们能够轻松自如地掌握那个事实而不去留意那种注意力具有的两面性，冒犯正是从这种两面性当中如同信仰一般地出场。那个事实对训化之术并无好感，它过于骄傲，不想要那种凭借此事的幸运结局才愿意追随他的弟子，它拒绝在某位国王或者教授的保护之下被自然化。那个事实是、并且将成为悖谬，它是不能被反思的。那个事实只为信仰而在。如此一来，信仰很可能会成为一个人身上的第二本性，而那个生出了第二本性的人，他本该有个第一本性，既然信仰成为了他的第二本性。如果那个事实将被自然化，那么，就其与个体的关系言我们可以说，个体是与信仰一同出生的，也就是说，个体是与其第二本性一起出世的。倘若我们以这种方式开始这里的讨论，所有可能的胡言乱语立即就会欢呼雀跃；闸门已经打开，它刹不住了。这些胡言乱语自然而然地会以"超越"的办法被发明出来，因为苏格拉底的观点的确是有意义的，尽管我们为了发现此前展开的讨论而将之摒弃了。倘若这种胡言乱语未能"超越"苏格拉底，它定会感到受了极大的污辱。不过，就算"灵魂转世"这一说法确有意义，可是说某人与其第二本性一起出生，而这第二本性又与一个在时间中被给定的历史事实相呼应，这无疑是最大限度的[15]疯狂。按苏格拉底的思路，个体在其生成之前就已经存在了，他本人将去回忆，于是回忆就是"先在"（而非就"先在"所做的回忆）；而"本性"（即一个本性；因为这里不存在什么第一和第二本性的问题）是在与自身保持一致的情况下 被规定的。相反，这里的一切都是向前的和历史性的，因此从根本上讲，"与信仰共生"与"生出来就已经24岁"具有同样的可信度。假如有谁真能指出一个与信仰共生的人，此人将成为一个比《好事之徒》中的理发师所讲的在"新宿舍"中出生的东西[16]更为人瞩目的怪物，尽管在理发师和爱管闲事的人看来，那是最可爱的小东西，思辨的最大胜利。

或者我们说，某人或许与两种本性一起同时出生，值得注意的是，这里所说的不是为了组成正常的人性而彼此结合在一起的两种本性[17]，而是两种完整的人性，其中之一设定了一个在二者之间的历史事件。如此一来，我们在第一章中所讨论的一切就变得令人困惑起来了，我们没有处在苏格拉底的立场上，而是处于一种甚至连苏格拉底都无法消除的不确定状态之中。这是一种向前的困惑，并且与蒂亚那的阿波罗尼乌斯所发明的"向后的困惑"[18]有着诸多共同之处。也就是说，他不会像苏格拉底那样满足于回忆，说他生成之前就已经存在了（意识的永恒性和连续性是苏格拉底思想中的深刻性和主旨之所在），而是急着去"超越"，他回忆的其实是在他成为自己以前他曾经是何许人氏。假如那个事实被自然化了，那么出生也就不仅仅是出生，它还是再生；于是，那未曾存在的人，当其出生之时，他是被再生的。就个体的生活而言可以说，个体是与信仰一同出生的；就人类的生活而言同样可以说，在那个事实介入之后，这个族群变成了完全另外的样子，尽管它与此前的样子保持一致。在这种情况下，这个群体应该采用一个新的名字。正如我们所讨论的，信仰绝不是什么非人的东西，像什么"出生之内的出生"（再生），而是成了一个童话式的怪物，仿佛事情是我们让反对意见如此意愿似的。

出于其他的理由，后果所具有的优势还是一个令人怀疑的优势，就其并不是那个事实的简单后果而言。让我们最大限度地假设那种后果所具有的优势,即那个事实再创造了世界,甚至以其无所不在的力量穿透了最无意义之物。这一切是如何发生的呢?它不是由某个单一的事件发生,而是连续发生;如何连续发生呢?会不会是说,每一代人都重新与那个事实建立关联呢?为了使后果的全部力量只需一个转换就可以使他人受益,那个中间定义应该被审查。误解难道就没有后果,谎言难道没有威力吗?这一切难道不是发生在每一代人身上了吗?是否所有世代的人都会立刻把后果所有的全部荣耀委之于最后一代人?果若如此,这些后果就是一种误解。或者说,威尼斯不是建在海上吗?尽管它以这样的方式被建造出来,结果最终有这么一代人,他们压根就没觉得它建在海上。如果这最后一代人弄错了,直到房梁开始腐朽,城市开始下沉,这难道不是一个可悲的误解吗?这些后果建立在一个悖谬之上,用人的语言来说,建立在一个深渊之上。这些后果的全部内容只有借助悖谬所生的协定之力,才能被移交给单一者,这内容当然不能被当作不动产来接受,因为所有这一切都是漂浮不定的。

丙 比较

我不想继续这里的讨论了,而要把它留给每一个训练着自己从各个不同的方面返回到这个想法之上的人,让其运用自己的想象力找出各种相对的差别和相对的情境中的那些最为特别的例子,以便最终把事情弄明白。于是乎,量的界限被标识出来了,在界限之内它拥有不受约束的行动自由。量是生活的多样性,它将不断展示其多彩的毯子;量就像纺绩不辍的命运女神。但是事实上,思想就像另一位命运女神,她负责将生活之线剪断,[19]不考虑这个比喻,每当量转化为质的时候这种情况都会发生。

于是,再传弟子中的第一代拥有一个优势,即困难。当我意欲把握某个难点的时候,"使我感觉到困难"就成了一种优势和解脱。假如最后一代人,在观察第一代人并且看到他们几乎在恐惧的压迫之下沉降下去之时,突然想要说:真不可思议,因为这一切并不比带着它一起跑更难。那么,这时很可能会有人这样回答:"请了,你尽可以带着它跑开,不过你可要看好了,看你带着跑的是否真是我们这里所讨论的东西。跟风跑是容易的,对此我们并无异议。"[20]

最末一代人所有的优势是轻松,可是一旦人们发现,这轻松正是生产出困难的那种似是而非,那么这困难就会与恐惧的困难相呼应,而恐惧则将以对待再传弟子当中的第一代同样的原初方式将其攫住。

§2 关于再传弟子的问题

在我们过渡到对这个问题的思考之前,我们将首先展开几个定位性的观察。第一,如果人们视那个事实为一个单纯的历史事实,那么"做当代人"这一点就是成立的,而且它还是一种优势(对此的深入理解见第四章);尽可能地与那个事实接近,或者确保当代人的可信度等等也是优势。任何一个历史事实都只是一个相对的事实,因此,在考虑到当代性的情况下,那种相对的权力——时间——将决定人的相对命运也就是正常的,不过仅此而已。只有孩子气或者傻气才会将之高估为绝对的事实。

第二,如果那个事实是一个永恒的事实,则任何一个时代都与之同样接近。不过请注意,在信仰当中情况并非如此,因为信仰与那个历史事件完全对应,因此我从"历史事件"中撷取的"事实"一词不甚准确,它只是一种调节。

最后,如果那个事实是一个绝对的事实,或者为了更准确地规定它,说它就是我们所提出的那个东西,那么,"时间能够分割人类与该事实的关系,也就是说,能够在一种决定性的意义上进行分割"的说法就是一个矛盾。因为在本质上能够被时间分割的东西,正因为如此,它就不是绝对的东西。因为果若如此,我们就可以推出,绝对本身只是生活中的一个格,一种由与他物的关系决定的状况。但在事实上,"绝对"一直是同样的东西,哪怕它在全部生活中的各种格是可以发生变化的[21],并且哪怕它持续地处于与他物的关系之中,它一直都是绝对状况[22]。但是,这个绝对事实也是历史性的。如果我们没有注意到这一点,所有这些假设性的讨论都将被取消,因为果若如此的话,我们所讨论的也就只是一个永恒的事实。这个绝对事实是一个历史事实并且因之而成为信仰的对象。因此,历史性因素固然要被强调,但却不能以这样的方式,即它绝对地对个体具有决定性的意义。果若如此,我们就将处于第一种情况之下(尽管在此方式理解之下,它是一个矛盾,因为一个单纯的历史事实绝非绝对的事实,它无力做出绝对的决断)。但是,历史性因素并不应该就此取消,否则我们所有的仅是一个永恒的事实。

正如当代人的历史性因素是其成为弟子的偶因,请注意,是通过从神自己手中获得条件的方式(否则我们的立场就是苏格拉底式的);同样的,当代人的陈述将成为每一位后继者成为弟子的偶因,请注意,是通过从神自己手中获得条件的方式。

现在我们开始了。一个人从神手中接受条件,并且通过该条件成为弟子。假如事实如此(对此我们已经在前面展开过了,其中有一点是确定的,即那种直接的当代性只是一种偶因,但是请注意,这并不是说那条件如今直接地为那些受之影响的人所掌握),那么,再传弟子的问题将位于何处呢?因为那个拥有条件的人,是从神手中获得的,显然是直接拥有之;而那个并没有从神手中获得该条件的人,他算不得弟子。

让我们假设事实并非如此,当代弟子从神手中接受条件,而后继者将从那些当代人手中接受条件，这样一来后果如何呢？我们不会以思考那种历史性的沮丧的方式来分散注意力，以此人们很可能会在新的矛盾和困惑中（倘若人们首先由此开始，混乱就不会被清除）把那些当代人的陈述看做至关重要的东西。实情不然。假如当代人将给予后继者以条件，则后继者就要信仰他。若后继者从当代人手中接受条件，则当代人就会成为后继者信仰的对象；因为我们从其手中接受条件的那人正因为如此（参前述）就是信仰的对象，就是神。

这样的无稽之谈足以把思想从该假设当中喝退。反之，如果后继者也将从神手中接受条件，我们就返回到苏格拉底的立场，请注意，是在那种整体性的差别之中，也就是那个事实和单一者（当代人和后继者）与神的关系之中。相反，那个无稽之谈[23]是不可能被思考的，这是在另一个意义上说的，它不同于我们在说那个事实以及单一者与神的关系时所说的"这是无法被思考的"。我们就那个事实以及单一者与神的关系所做的假设当中并未包含任何自相矛盾，因此思想可以跟它打交道，就像跟最为奇怪的东西打交道一样。可是，那个无聊的后果中却包含了一个自相矛盾，它不满足于去设定一个荒谬，而那正是我们的假设；而是从那个荒谬之中引出了一个自我矛盾：神是当代人的神，而当代人又是第三代人的神。只有在与单一者的关系之下来设定神，我们的思想方案才能"超越"苏格拉底。可是又有谁敢以这样的胡言乱语走近苏格拉底，说什么一个人是另一个人的神呢？苏格拉底对人与人之间的关系的理解是英雄主义的，理解这一点已经需要大无畏的气概了。这一点在我们假设的形式下同样有效，也就是说，一个人，就其为信仰者言，他并不欠任何人任何东西，但却欠神一切。获得这样的认同并不容易，尤其是不容易持续下去（在不考虑那些具体的反对意见的情况下一劳永逸地理解这一点，也就是想象自己已经理解了这一点，这是不难做到的），对此人们不难领会。如果一个人想在这种理解中开始自己的实践，他无疑会经常发现自己陷于误解之中；而如果他还想与其他人发生关联，他必须要当心。可是，假如人们已经理解了这一切，那么他就该明白，并不存在、也不可能存在关于再传弟子的问题；因为信仰者（只有他才算是弟子）持续地亲见着信仰，他不是用他人的眼睛去看，并且他看到的是每一个信仰者都能看到的同样的东西——用信仰的眼睛。

当代人能够为后继者做些什么？第一，他可以告诉后继者，他本人相信那个事实；这一点归根到底并不是什么传达的信息（这表现在：根本不存在直接的当代性，事实是建立在矛盾之上的），而只是个偶因。也就是说，当我说这事或者那事已然发生之时，我是在做历史性的陈述；而当我说"我相信并且已经相信那事已经发生了，尽管它对理智来说是愚拙的，对人心而言是绊脚石"[24]，就在这一刻，为了脱离所有的伙伴关系，我已竭尽全力阻止了任何他人与我建立直接的关联，因为每个人都该以完全相同的方式行事。第二，他可以以这种方式陈述事实的内容，即，这内容只为信仰而在，其意义与说颜色只为视觉而在、声音只为听觉而在完全相同。只有在这种形式下他才能如此，在任何其他的形式下他都只是向空说话[25]，或许还会引诱后继者决定与这空话保持一致。

在何种意义上当代人的可信度能够引起后继者的关切？当代人是否真的拥有经他本人见证过的信仰，这一点与后继者毫不相干，对他一无用处，既不妨碍、也无助于他自己获得信仰。只有从神手中亲获条件的人（这一点与"让人们放弃理智"的要求完全对应，而从另一个方面说，它又是唯一与信仰相对应的权威）才能信仰。假如他相信（即想象他已经信了）是因为山上的很多正直之士信了[26]（也就是说，他们说他们已经有了信仰。一个人无法进一步检验他人；尽管他人因信仰之故忍耐、承受着

第五章　再传弟子

一切煎熬，但身处其外的人却无法超越那人就自身所说的话，因为，对于人的而非神的眼睛而言，谎言可以与真理走得同样远），那么他就是一个傻子。从本质上看，一切都是偶然的，不论他是因为个人的见解而信，还是因为或许某种广为传布的关于那些正直之士的信仰的意见而信，或者他相信的就是一个吹牛大王[27]。假如当代人的可信度会引起他的兴趣的话（唉，人们可以肯定，这是一桩能够引起巨大轰动并且引出无数著作的事件。那种欺骗性的庄重外表，考量这人或那人是否可信，而不是看他本人是否拥有信仰，这是对心智的懒惰和欧式的城市闲谈的一种巧妙掩盖），那么这里涉及的就是历史事件。哪个历史事件呢？那个只能成为信仰的对象的历史事件，那个一个人无法向他人传达的历史事件，也就是说，一个人可以向他人转述，不过请注意，被转告者并不因此而信仰。相反，如果他以信仰的形式去转述，则他恰好尽力阻止了他人直接性地接受他所转述的东西。如果我们所谈论的事实是一个单纯的历史事实，则历史撰写者的准确性就将具有重大意义。但事实并非如此，即使从最为精确的细节当中我们也无法将信仰蒸馏出来。"神曾以人的形象出场"这一历史事件是问题的关键，其他的历史细节甚至还不如我们说到某个人而非神的细节那么重要。律师们说，一桩重罪将吞没所有的轻罪[28]，对于信仰来说亦然，信仰的荒谬性会吞没全部的细枝末节。通常会造成麻烦的那些不同意见在此并无麻烦且变得无关紧要。相反，一个人通过斤斤计较的算计能否使信仰获得最高的报价，这一点至关重大；这一点影响之大以至于他永远都无法达至信仰。尽管与神同在的一代只是留下了这样的话："我们相信，神在某年某年以仆人的低下形象显现，他在我们中间生活过并且教导过，随后他死去了"，这已经说得太多了。这同时的一代做了需要他们做的事情，因为这则小广告，这个具有世界历史意义的"请注意"足以成为后继者的偶因；而连篇累牍的陈述

125

却永远都不会对后继者具有更多的意味。

假如人们希望尽可能简洁地描述后继者与当代人之间的关系，但却又不因这简洁而丧失准确性，他就可以这样说：后继者信仰依靠的是他本人从神手中接受条件、同时借助（偶因的）当代人的陈述。

当代人的陈述是后继者的偶因，一如直接的当代性是当代人的偶因一样。而且如果该陈述是其所应是的样子（即它是信仰者的陈述），它必将引发那种陈述者所有的、由直接的当代性所引出的注意力的两面性。假如这陈述并非如此，则它或者出于历史撰写者之手，它所关涉的也就不是信仰的对象（就好像一个不是信仰者的当代历史撰写者讲着这事或那事一样）；或者出自哲学家之手，它也没有涉及信仰的对象。相反，信仰者对该陈述的处理恰恰是，没有人能够直接地得到信仰；因为"我信仰"这句话（尽管有理智和我本人的发明才能）是一个危险的"但是"[29]。

没有什么再传弟子。从本质上说，第一代与最后一代是平等的，只是后继者以当代人的陈述为偶因，而当代人则以其直接的当代性为偶因，他并不欠任何人任何东西。那种直接的当代性仅是偶因而已，对此没有什么比如下说法更最为强烈的了——假如某个弟子理解了自身，则他应该希望的就是，那种直接的当代性以神离开尘世的方式而终结。

* * * * *

或许有人会说："这可真够奇怪的了。我饶有兴味地把你的课题从头读到尾，我很高兴地看到这里并没有什么关键词，也没有什么不可见的文字。可是你是怎么转过这个弯儿来的，就像萨福特总是钻到食橱中[30]，你总是把一些并不属于你的字句、一

第五章 再传弟子

些以其所唤醒的回忆而令人不安的字句混进去。'神的离去对弟子有好处'的观点就出现在《新约》，在《约翰福音》当中[31]。不过，不管这一切的发生是否有意，不管你是否曾想把那个评说纳入到某种形式之中从而赋予它一种独特的作用，这个弯都已经转过来了，当代人的优势——我曾倾向于给它很高的评价——看起来被大幅度地减弱了，因为不可能有关于再传弟子的问题，换言之，所有的弟子在本质上都是平等的。可是还不仅如此。如依你刚才所言，那种直接的当代性作为优势变得十分可疑，以至于其最大的好处便是它的终结。还可以说，这种直接的当代性是一种中间状态，它的确是有意义的，而且正如你或许会说的，为了不返回到苏格拉底的立场，它是不能被忽略的。只是它对于当代人并无绝对的意义——他因为该状态的终结，其本质性的东西被剥夺了；相反，他因此而赢得了它们，尽管假如这状态不曾存在，他将丧失一切而返回到苏格拉底的立场。"

"讲得好，如果这么说无损谦逊精神的话，因为你的话同我的如出一辙。的确如此。那种直接的当代性根本不是一种具有决定意义的优势，如果我们彻底思考它的话——不好奇，不着急，无所祈盼，不是翘首以待、热切得一触即发，就像那个希腊理发师，他冒着生命危险而要成为讲述那件奇事的第一人[32]；也不愚蠢到把如是死亡当成殉道的地步。那种直接的当代性远非如此，当代人所希望的恰恰是它的终结，这样他就不会受到跑上前用自己的肉眼凡耳去看、去听这样的诱惑了，所有这些都是白费劲儿，是一种忧伤的、危险的劳作。不过你可能已经注意到了，这一点其实属于另一方面的思考，那里的问题是说，当代的信仰者，在其成为信仰者之后，能够从其当代性中获得怎样的好处；而我们所讨论的却是，直接的当代性能否使一个人更容易成为信仰者。后继者不会受到这样的诱惑，因为他所有的只是当代人的陈述，而就其为陈述言，它是以信仰的禁止性的形式出现的。假如后继者因此理解了自身,他就会希望当代人的陈述不要过分冗长,尤其是不要写成可以堆满整个世界的书[33]。在那种直接的当代性当中存在着一种不安,只有当说到'结束了'[34]、但安息却并未将该历史事件吹跑的时候,它才会终止;否则一切都将返诸苏格拉底。"

"这样一来平等就会出场,冲突的各方被召唤到平等之上。"

"我也这么认为。可是你应该再想想,神自己就是和解者[35]。他会与一些人达成和解,这和解使他与所有冲着天堂呼喊的人有所区分吗?这必定会带来冲突。神会让时间的力量来决定他该对谁显示恩典吗?或者,使这种和解对于任何人在任何时间、任何地点都同样困难,这做法配不上神的尊严吗?是的,同样困难,因为没有任何人能够给予自身以条件,他也不能从别人手中接受之——它带来的是新的冲突。同样困难,不过也同样容易,就神将给出条件这一点而言。看,这就是为什么我从一开始就把我的方案(也就是说,假如一个假说可以做如是考察的话)看作一个虔诚的方案的原因,而且我现在更是这么认为,但却并不因此漠视他人的反对意见。相反,我要再一次请求你,如果你有合法的反对意见,现在就摆出来吧。"

"你一下子变得多么兴高采烈呵!尽管这并不是本论题的要求,不过就为了这欢愉的情绪,人们也该下定决心弄出一个反对意见,除非不去管它反会更令人愉悦,除非你认真的请求意在间接地要求沉默。为了至少不使我的反对意见干扰这欢愉的气氛,我将从现有的欢愉情绪之中撷取意见,由此我认为,后继者要比当代人更为出色。我看得很清楚,与神同时共在的一代深刻地感受到了、体验到了那份痛苦,它处于一个如是悖谬的生成过程之中,或者用你的话说,处于'神将自身植入人的生命'的过程之中。可是逐渐地,那种新的事之序会以胜利者的姿态向人们逼进,最终,幸运的一代人出现了,他们唱着

第五章 再传弟子

欢快的歌去收获那粒曾带着眼泪而在第一代人身上播撒下的种子所结出的果实[36]。可是，带着歌声和乐声[37]走过人生的大获全胜的[38]这代人，他们与第一代和以前的人们到底有无差别呢？"

"差别是无可否认的，也许这差别大到没有平等的地步，而平等是我们得以讨论这差别的条件，是其间的差别将会阻挠我使平等出场的努力的条件。可是这大获全胜的一代，就像你所说的，带着歌声和乐声走过人生的旅途，假如我没记错的话，他们使我想起了那个家喻户晓的天才对《圣经》的某个段落所做的轻松愉快的、古北欧式的翻译[39]，可是这代人真是信仰者吗？的确，如果信仰竟然想要在胜利中一起前行，它无须给予某人吟诵讽刺诗的许可[40]，因为即使它禁止这一切也无济于事。人声沉寂下来了，可是一阵刺耳的笑声从疯狂的游行队伍中传来，就像自然对锡兰的嘲笑声一样[41]；因为大获全胜的信仰是所有事物当中最荒谬可笑的。假如与神同时共在的信仰者没有时间庆祝胜利，则没有任何一代人能够这样做；因为任务是相同的，而且信仰总是战斗性的[42]。不过只要有斗争，就有挫败的可能性。因此，就信仰言，人们永远都不可能在时间之前、也就是在时间当中获胜。因为人们到哪儿去找时间抒写歌唱胜利的诗篇，并且找到机会吟诵它们呢？假如这一切发生了，它必定会是这样：就像一支整装待发的军队并没有投入战斗，而是在胜利的喜悦中返回城里的兵营。尽管并没有人为此发笑，尽管全体当代人对这类无意义的语词[43]颇有共感，但是，生存的痛苦笑声难道不总是在人们最意想不到的地方爆发出来吗？是什么使得后世的所谓信仰者比当代人徒劳地向神请求更糟的东西？当代人不愿意看到神必须将自身降格为低下和受人轻蔑的状态（参第二章）；而那些后世的所谓信仰者却不满足于这种低下和受轻蔑的状态，不满足于那种斗争

129

性的愚蠢。相反，他们极其乐于在带着歌声和乐声前行之时去信。对于这样的人，神甚至不愿、也不能像对当代人那样说：你所爱的只是能够行奇迹的全能者，而不是将自身降格为与你们平等的人。这里我想暂停一下。虽然过去的我是个比现在的我更为出色的辩证法家，但过去的我仍有个界限。从根本上讲，恰恰是'绝对'与那些'绝对的差别'[44]之间的不可动摇的界限才使一个人成为优秀的辩证法家，而这一点在我们这个时代却通过消解、而且是消解矛盾律的办法被完全忽略了，人们并未认识到，亚里士多德提出的'矛盾律被消解'的命题本身就建立在矛盾律之上，否则，其反命题'矛盾律没有被消解'也将同时为真。我只想就你所暗示的许许多多的东西发表一个评论，这些暗示都认为，我把借来的言论混在我写的东西里面了。这是事实，对此我并不否认；我这样做也是有意的，对此我并不想隐瞒。同时，我盘算着在这篇小东西的下一部分——假如我真的写出了这部分的话，我将指名道姓并且给该论题披上历史的外衣。[45]假如我真会写下这一部分的话！一个像我这样的小册子作者根本就没有什么严肃性可言，你可能会听到些风言风语，我怎么会在行将结束之际为了取悦众人而以许愿的办法装出那种严肃性呢？换言之，写出一篇小东西是轻率的，可许诺创造一个体系则是庄严的，这一点使很多人在他们自己和他人的眼中成为了极其严肃的人。不过，人们不难看出，在接下来的部分当中，'历史的外衣'究竟指什么。众所周知，基督教其实就是唯一一个这样的历史现象，尽管它是历史事件，而且正因为它是历史事件，它才会成为单一者的永恒意识的出发点，才会不仅仅在历史的方面令人关切，也才会将他的至福建立在他与某种历史性事件的关联之上。没有任何一种哲学（因为它只为思想而在）、没有任何一种神话（因为它只为想象而在）、也没有任何一种历史知识（它为记忆而在）

会生出这样一种念头，对此人们会因各种各样的模棱两可而认为，它不会自人心中产生[46]。与此同时，在一定程度上我倒是希望能够将之忘却，利用假说所有的无所约束的良好状态指出，所有这一切都只是我的一个怪念头而已，在我彻底思考它之前我并不想放弃它。僧侣们永远都不会完成对世界历史的陈述，因为他们总是以创世为开端。倘若人们在讨论基督教与哲学的关系的时候要从那些先前说过的东西开始讲起，那么人们如何能够开始，更别提结束了。历史持续地发展着。如果有人以'那个伟大的思想家和智者，《新约》的执法人，彭提乌斯·彼拉多'为开端[47]，这人就是以自己的方式分别得益于基督教和哲学，即使他本人并没有发明沉思。而如果有人在以他为出发点之前要等某一本决定性的著作出现（或许是个体系呢），为这书教会已多次做出公告介绍，那么这人如何能够开始呢？"

注释

[1] "突袭"原文为法文 coup de mains，直译为"用手打击"，指"突然的武力袭击"。"谷堆论证"参第三章注[26]。

[2] "界限"原文为拉丁文 confinium，原是大学某些科系（比如神学系）的学业评价等级术语。

[3] "真正的思辨的悲惨秘密"参第一章注[7]。

[4] "做出区分的激情"很可能指苏格拉底针对智者的相对主义观点而设定的绝对观念。苏格拉底在知道的和不知道的、可理解的与不可理解的事物之间做出了区分。

[5] "当对立物被放置一处时，它们会显得格外鲜明"一说源自拉丁语成语 opposita juxta se posita magis illucescunt。

[6] "时段"原文为拉丁文 spatium。

[7] "两面性的"原文为拉丁文 anceps，原文有"两面性"、"模棱两可"的意思，同时还具有"危险的"、"可疑的"意思。

[8] 埃及国王托勒密二世（Ptolemaios II Filadelfos，公元前285－前246 BC）统治时期，72位犹太学者应邀将《希伯来圣经》中的律法书译成希腊语，这项工作历经72天才完成。后来，数字72变成了70，因此这份法律文件被称为Septuaginta（拉丁语，表示数字70；通常写成LXX）即《七十子希腊文本圣经》。根据后世的传说，这些译者当时被关起来，他们被要求独自将整个《旧约》译成希腊语。当工作结束之时，人们发现他们的译文完全一致。

[9] "或然性"原文为Sandsynlighed，英译为Probability。有时根据需要译为"概率"。

[10] "为了更好的信息"原文为拉丁文ob meliorem informationem。

[11] "生死兄弟"（Fostbroder）指古代北欧彼此交换血液、并庄严发誓像兄弟一样同生共死的人。

[12] 伊壁鸠鲁此言见诸第欧根尼的哲学史（第10册、第124节）的记载。在伊壁鸠鲁致年轻学生麦农克乌斯（Menoikeus）的信中有这样的句：“死亡与我们无关，这个正确的理解使得有死的人生成为愉快的，不是给生活增添了无限的时间，而是把对不朽的渴望移开了。对于彻底领悟了'生命的终结并不怕'的人言，人生根本不可怕。于是，害怕死亡的人是愚蠢的，不是因为当死亡来临之时它会带来痛苦，而是因为死亡会提前带来痛苦。任何在当下时刻不会引起烦恼的东西会在期待之中引起毫无根据的痛苦。因此，死亡这一可怕的恶对于我们并无所谓，因为当我们在时，死亡尚未来临，而当死亡来临时，我们已不在了。"

[13] "把直接的确定性当作信仰"很可能指雅各比在《致摩西·门德尔松先生的信：关于斯宾诺莎的学说》中所表达的观点。关于雅各比，参"间奏曲"一章注［48］。

[14] "自然化"（naturaliseret）指事物当中那些在本质上仿佛是发自其本性（nature）的属性。

[15] "最大限度的"原文为拉丁文non plus ultra。

[16] "出生在'新宿舍'的东西"典出贺伯格创作于1731年的喜剧《好事之徒》（Den Stundesløse）。在该剧第1幕第6场中，理发师对好事之徒维格斯瑞讲起在哥本哈根为海军士兵修建的"新宿舍"，说那里有位妇

人一下子生出了 32 个小孩子，而维格斯瑞则表现要先确证那是否是真的。接着理发师保证说，这事就跟他站在此处一样地真实。

［17］"两种本性"指"肉体"与"灵魂"。

［18］蒂亚那的阿波罗尼乌斯（Appollonius af Tyana），大约生活于公元 1 世纪，新毕达戈拉斯学派哲学家，该学派持有"灵魂先在说"，他本人认为，他前世曾是一艘埃及大船上的大副。

［19］这里的"命运女神"指罗马神话中的三位命运女神（与希腊神话相对应），其中克罗斯（Klotho）纺绩生命之线；拉奇西斯（Lachesis）决定生命的长度和进程；阿特波斯（Atropos）则负责剪断生命之线。

［20］此处"跑开"（løbe）、"带着跑"（løbe med）、"跟风跑"（en Vind er let nok at løbe med）是克尔凯郭尔利用成语 at løbe med en halv vind 所做的文字游戏，该成语意为"一知半解但仍滔滔不绝地讲"。

［21］这里的"格"、"各种格"对应于拉丁语法词 casus（单数）和 casibus（复数），"变化"是指语法中词的变格变位。

［22］"绝对状况"原文为拉丁文 status absolutus。

［23］"那个无稽之谈"（Hiin Meningsløshed）指一个人在他人面前充当上帝。

［24］"对理智来说是愚拙的，对人心而言是绊脚石"语出参《哥林多前书》第 1 章第 23 节。保罗说："我们却是传钉在十字架的基督，在犹太人为绊脚石，在外邦人是愚拙；……"。

［25］"向空说话"语出《哥林多前书》第 14 章第 9 节。保罗向哥林多人强调用悟性讲话的重要性时说过："舌头若不说容易明白的话，怎能知道所说的是什么呢？这就是向空说话了。"

［26］"因为山上的很多正直之士信了"很可能指贺伯格喜剧《艾拉斯姆斯·蒙苔努斯》（*Erasmus Montanus eller Rasmus Berg*，1731 年）中第 4 幕第 2 场的场景。在反驳"地球是圆的"的命题之时，剧中主角培尔·戴恩（Per Degn）列举了一长串住在同一座城市当中的"勇士"的名字，其中包括他自己在内。然后他自信地说："现在就请挨个问问城中这些好汉，看看谁会跟你们一样认为地球是圆的。我知道，人们会更相信众人而不是个人说的话。因此，难道你们不是错了吗？"

[27] "吹牛大王"原文为 Münchhausen，即德国男爵明希豪森（Karl Friedrich Hieronymus von Münchhausen, 1720—1791），他于1781年发表了一些难以置信的关于打猎和战争的假故事而闻名。1785年，这些故事被译成英语，1787年又由诗人 G. A. Bürger 回译为德语，该著作的丹麦语译本出现在1834年。德国当代著名作家埃里希·凯斯特纳（Erich Kästner）曾为儿童编写过明希豪森的故事，充满了令人捧腹的笑料。

[28] 根据克尔凯郭尔时代的丹麦法律，重罪将被判处死刑，而死刑不能伴随其他的惩罚，尽管一个罪犯可能同时犯有多种其他罪行。

[29] "但是"原文为德文 aber。

[30] "萨福特总是钻到食橱中"典出丹麦著名诗人奥伦施莱格尔（Adam Oehlenschläger, 1779—1850）于1808年写作的歌曲《催眠饮料》（Sovedrikken）。歌中外科医生布拉斯这样评论他的助手萨福特："他是如何把魔鬼扭转过来的，结果他总是或者钻到食厨中，或者钻到酒窖里。"对此萨福特回答道："再自然不过了。当我们有吃有喝的时候，我们就该心满意足。"

[31] "神的离去对弟子有好处"语出《约翰福音》第16章第7节。耶稣对门徒们说："然而，我将真情告诉你们，我去是与你们有益的。"

[32] "希腊理发师"的典故实际上混淆了两则古希腊逸事。一则逸事见诸历史学家普鲁塔克的记载。一位热情的理发师第一个把雅典军队被西西里人挫败的传闻（发生于公元前413年）带到雅典城。由于匆忙之中他忘记了消息提供者的名字，人们误以为消息是他编造的，于是对他处以体罚，当消息被证实后他才获释。另一则逸事见希腊作家琉善的作品。菲利普狄斯（Philippides）从雅典奔跑240公里到达斯巴达，告诉该城居民做好防御波斯人入侵的准备。接着，他又跑到马拉松（Marathon）传递消息，该城距雅典42公里，但却与斯巴达处于完全相反的方向，到达后他还参加了与入侵敌人的搏斗（公元前490年）。最后，他跑回雅典报告他们获胜的消息。到达雅典后他倒地身亡。

[33] "堆满整个世界的书"语出《约翰福音》第21章第25节。约翰说："耶稣所行的事还有许多，若是一一地都写出来，我想，所写的书就是世界也容不下了。"

［34］"结束了"是耶稣被钉死在十字架上时所说的最后一句话。他说"我渴了",有人用海绵蘸满醋给他喝,随后他便说"结束了",然后就将灵魂付给了神。《圣经》中译本中这句话被译为"成了"。此处是根据丹麦文《圣经》以及克尔凯郭尔文本用语的直译。参《约翰福音》第19章第30节。

［35］"和解者"语出《罗马书》第5章第10节。保罗说:"因为我们作仇敌的时候,且借着神儿子的死,得与神和好;既已和好,就更要因他的生得救了。"同时还可参《哥林多后书》第5章第18—19节。为了与克尔凯郭尔文本用语一致,此处将"和好"译为"和解"。

［36］"眼泪"、"果实"语出《旧约·诗篇》第126篇第5节的诗句:"流泪撒种的,／必欢呼收割。"

［37］"带着歌声和乐声"原文为med Sang og Klang,这是丹麦语成语。

［38］"大获全胜的一代"(denne triumpherende Generation)可能源自拉丁短语ecclesia triumphans(大获全胜的教会),这是教会分裂之前的一种完美状态,指基督复活之后教会当统治整个世界的状态。

［39］"轻松愉快的、古北欧式的翻译"是克尔凯郭尔对丹麦著名作家、教士格伦德威(N. F. S. Grundtvig, 1783—1872)对《圣经》翻译所做的戏谑性讽刺。在翻译《新约·以弗所书》第5章、第15—21节的时候,格伦德威采用了Sang og Klang,直译为"歌声和乐声",有"兴高采烈"、"喜气洋洋"的涵义,故被讽刺为"轻松愉快的"。说他的翻译是"古北欧的"(原文写为ølnordisk,它是对oldnordisk一词的谑称,øl原意为"啤酒"),则是因为格伦德威著有《北欧神话》,宣扬"丹麦性"(danskhed)以及丹麦作为上帝的特选子民等思想。克尔凯郭尔承认格伦德威是"天才",但将其思想学说斥之为"胡说八道"(Pølse-Snak)。格伦德威与克尔凯郭尔在宗教问题上存在根本分歧,但他曾倡议建立丹麦"国民中学"(Højskole),并著有《丹麦教堂赞美诗集》,在丹麦历史上有较深远的影响。格伦德威与克尔凯郭尔的关系问题成为近年来丹麦学者关注的研究课题之一。

［40］"吟诵讽刺诗"指罗马帝国时期庆祝军事胜利的习俗。每当打了胜仗,罗马元老院都要投票表决是否举行庆祝活动。其时游行队伍将进入

135

罗马城，走在最前面的是乐队，其次则是战利品、战俘和盛装的牺牲，接着是坐在华丽马车当中的将军，最后才是士兵。那一天士兵们被允许吟诵一首讽刺将军的诗，以提醒那些将军——他只是一个凡人。

［41］"自然对锡兰的嘲笑声"指一种自然现象，德国自然哲学家兼神秘主义者舒伯特（G. H. Schubert）称之为"锡兰的魔鬼之声"（Teufelsstimme auf Ceylon）。该现象的特征为，有种声音人们一方面觉得它像来自远处的雷电声，一方面又觉得它很近。它更让人想起一种人发出的哀怨之声，同时听上去还像是一支令人恐惧的快节奏的小步舞曲。

［42］"战斗性的"语出《提摩太前书》第6章第12节。保罗说："你要为真道打那美好的仗，持定永生。你为此被召，也在许多见证人面前，已经作了那美好的见证。"

［43］"无意义的语词"原文为 Abracadabra。这是魔术师在变戏法前说的毫无意义的咒语。

［44］"绝对"是19世纪上半叶德国唯心论哲学的核心概念。在谢林的"同一哲学"当中，"绝对"意味着"普遍的理性"，在它的统领下，对立概念如"主体—客体"、"精神—自然"、"自由—必然"等将达至同一。在黑格尔体系当中，"绝对"是通过"理念"来表示的，"绝对的理念"就是"精神"（上帝），它经过矛盾的内在运动最终达至一种更高层次的统一，在那里，"绝对的差别"被消解了。

［45］在《哲学片断》最初的提纲中克尔凯郭尔做了这样的章节安排："命题/形势/历史的外衣"（Proposition/Positio/historisk Costume）。不过，关于"历史的外衣"的写作计划很快就被放弃了，它最终于1846年出现在归于同一假名作者的《为〈哲学片断〉所做出的最后的、非科学性的附言》（一般简称《附言》）一书之中。

［46］"不会自人心中产生"语出《哥林多前书》第2章第9节。保罗说："神为爱他的人所预备的/是眼睛未曾看见，/耳朵未曾听见，/人心也未曾想到的。"

［47］哈曼于1778年在一封致友人拉瓦特（J. C. Lavater）的信中曾这样说：Mir Ignoranten ist, nächst dem Prediger des alten Bundes, *der weiseste Schriftsteller und dunkelste Prophet*, der executor des neuen Testaments, Pontius pilatus. Ihm war vox populi vox Dei. ("我忽略了那个最靠近《旧约》的布道者，最智慧的作家和最晦涩的预言家，《新约》的执法人，彭提乌斯·彼拉多。他是人民的声音、神的声音。")

彼拉多是罗马帝国在犹太人居住地区的执政官，他对基督之死负有责任（参《约翰福音》第18章，37—38节）。他被称之为"《新约》的执法者"（executor Novi Testamenti），实际上是利用 eksekution 所具有的"完成"和"处决"这两重意思而做的文字游戏：一方面彼拉多"完成了"在神和人之间的新的约定；另一方面是他让耶稣被处死。故这里将之译为"《新约》的执法人"。

寓意

　　这个思想方案毫无争辩地超越了苏格拉底，这一点显现在各个方面。这方案是否因此而比苏格拉底的思想更真实，这是完全另外一回事，二者不可同日而语，因为这里采用了一个新的器官，即信仰；一个新的前提，即罪的意识；一种新的决断，即瞬间；一个新的教师，即时间当中的神。没有它们，我真不敢做出这番考察，不敢在那位上千年来一直受人崇拜的反讽家面前展现自己——对于他，我会像其他人一样不顾一切地怀着一颗热情地狂跳着的心去接近。可是，想要"超越"苏格拉底，当我们在本质上还是讲着和他相同的东西但却还不及他讲得好的时候，这一点至少不是苏格拉底式的。

概念对照

A

爱	Kjærlighed
爱情	Elskov

B

本质	Væsen；本质规定性 Væsens – Bestemmelse
必然性	Nøvendighed
不可知者	det Ubekjendte
变化	Forandring
悖谬	Paradox

C

差别	Forskjelle；绝对的差别 det absolut Forskjellige
存在	Væren；真实的存在 faktisk Væren；理想的存在 ideel Væren
重生	Gjenfødelse
陈述	Efterretning

D

弟子	Discipel
道	Lære
对象	Gjenstand
单一者	den Enkelt

F

分神	Distraktion

G

概率，或然性	Sandsynlighed
改造	omdanne
根据	Grund

H

和解者	Forsoner
悔悟	Anger
幻象，幻觉，错觉	Illusion
回忆	Erindren
荒谬	det Absurde; det Urimlige
怀疑主义	Skepsis

J

激情	Lidenskab
解放者	Forløser
界限	Grændser
见证者	Øienvidnet
教师	Lærer；那位教师 hiin Lærer（指耶稣基督）
决断	Beslutning
惊异	Forundring

K

肯定	det Positiv
可能性	Mulighed

L

理想性	Idealitet
理智	Forstand
历史，历史性因素	det Historiske；那个历史事实 hiint historiske Faktum
灵魂拷问	Anfægtelse

M

冒犯，愤慨	Forargelse；Anstød
谬误	Usandhed

矛盾	Modsigelse；自相矛盾 Selvmodsigelse
冒险	Risico

O

偶然性	Tilfældighed
偶因	Anledning
偶性	tilfældig Egenskab

P

普遍性	Almindelighed
平等	Ligehed

Q

亲见	Autopsi
钦羡	Beundring
确定性	Vished；信仰的确定性 Troens Vished

R

认知	Erkendelse

S

承受	Lidelse；承受的 lidende
生成	Tilblivelse；生成的欺骗性 Tilblivelsens Svi-

gagtighed

瞬间	Øieblik
事，事迹	Gjerninger

T

体系	System
条件	Betingelse
跳跃	Spring

W

无知	Uvidenhed
无	Intet

X

现实性	Virkelighed
相似性	Lighed
信仰	Tro
心态	det Sindlag

Y

意志	Villie；意志行为 Villies – Akt
永恒	Evighed
永恒福祉	evig Salighed
永恒决断	evig Afgørelse

永恒意识	evig Bevidsthed
忧	Sorg
忧虑	Bekymring
原因	Aarsag
扬弃	ophæve

Z

在场	Nærværelse；在场的 nærværende
再创造	omskabe
罪过	Skyld
罪	Synd；罪的意识 Syndsbevidsthed
真理	Sandhed
助产士	Gjordemoder
自由	Frihed
转换，过渡	Overgang
拯救者	Fresler
注意力	Opmærksomhed

人名对照

阿基米德　　Archimedes，约公元前 287—前 212

阿波罗尼乌斯　　Apollonius，公元 1 世纪

彼拉多　　Pilatus

博埃修斯　　Boethius，480—524

巴德尔　　Franz von Baader，1765—1841

道博　　Karl Daub，1765—1836

笛卡尔　　Caresius，也就是 René Descartes，1596—1650

德尔图良　　Tertullian（us），约 155—240

德谟克利特　　Demokrit，约公元前 460—前 370

第欧根尼·拉尔修　　Diogenes Laertios，公元 3 世纪

哈曼　　Johann Georg Hamann，1730—1788

黑格尔　　Georg Wilhelm Friedrich Hegel，1770—1831

贺伯格　　Ludvig Holberg，1684—1754

莱布尼茨　　Gottfried Wilhelm Leibniz，1646—1716

拉克坦修　　Lactantius，约 250—325

克吕西波　　Chrysippos，约公元前 281—前 208

普罗泰戈拉　　Protagoras，约公元前 490—前 420

普罗弟科　　Prodikos，约公元前 5 世纪

莎士比亚　　William Shakespeares，1564—1616

苏格拉底　　Socrates，约公元前 470—399

斯宾诺莎　　Spinoza，1632—1677

塞克斯都·恩披里可　Sextus Empiricus，约160—210
地米斯托克利　Themistocles，公元前525—前460
雅各比　　　　Friedrich Heinrich Jacobi，1743—1819
亚尔西巴德　　Alcibiades
亚里士多德　　Aristoteles，公元前384—前322
伊壁鸠鲁　　　Epikurs，公元前341—前270